事例で学ぶ

BtoB

BtoB Marketing
Strategies and
Practical Case Studies

マーケティング の戦略と実践

法人顧客を続々獲得！
プロが教える実用ノウハウ

栗原 康太

株式会社才流（SAIRU Inc）
代表取締役社長

オフィスからテレアポをする声が消えた

　遡ること10年以上前、大学1年生だった2008年に、私は長期インターンで某IT系の上場企業に入社しました。私はそこで初めて、本書のテーマである「BtoBマーケティング」に出会いました。

　その会社は1999年に創業し、2005年に上場したばかり。積極的なテレアポや飛び込み営業で売上を伸ばしていた、いわゆる「営業会社」で、営業パーソンの離職率の高止まりや、売上が安定しないといった悩みを抱えていました。そうした課題を解決するためか、当時のBtoB企業としては非常に早いタイミングである2007年頃から、新たにWebマーケティングの活用を始めていました。

　テレアポや飛び込み主体のアウトバウンド型の営業から、Webサイト経由でお問い合わせをいただくインバウンド型の営業へシフトしようと全社をあげて取り組んでいたのです。

　そのプロジェクトには、Webサイト運営の担当者だけでなく役員複数名が参加しており、各事業部のエース級の社員も投入されていました。経営レベルまでがコミットした、一大マーケティング強化プロジェクトでした。

　結果として、プロジェクトは大きな成功を収め、その企業はテレアポや飛び込み営業主体の会社から、Webサイトやブログ、ソーシャルメディア等を活用したマーケティング主体の会社に変貌しました。

　営業パーソンの離職率は下がり、その後は売上・利益も右肩上がりに伸びていきました。

オフィスからはテレアポをする声が消え、代わりに、Webサイトから月に数百件程度はお問い合わせをいただける会社に変わったのです。

営業会社からマーケティング会社への変貌

- テレアポ・飛び込み中心
- 営業パーソンの離職
- 売上が安定しない

→

- Web経由のお問い合わせ中心
- 離職率の低下
- 売上・利益の増大

幸い、私は大学生ながらこのプロジェクトの一端に参加させてもらい、19歳にしてその当時最先端のBtoBマーケティングの手法に触れる機会に恵まれました。

その企業内では、この仕組みそのものを外販していく「BtoB企業向けのデジタルマーケティング支援事業」も立ち上がり、私はその新事業部にそのまま新卒で就職。営業やマーケティングを担当したほか、コンサルティング業務にも携わり、最終的には事業部長まで務めました。

その過程では、多種多様なクライアント企業さまのBtoBマーケティング活動にも関与し、さまざまな経験を積んできました。

2011年頃には、当該事業部のマーケターとして、BtoBマーケティングに関するブログメディアを開設。

想像以上に多くの方に読んでいただくことになり、業界内の大きなカンファレンスで登壇したり、主要な業界紙から取材・寄稿の依頼を受けたりする機会が増えました。

またそれらの活動によって、当該事業部へのお問い合わせ数や商談数、受注数も合わせて増加する、といった経験もしています。

その後、2016年に独立し株式会社才流（サイル）を創業。

近年、大きな盛り上がりを見せているBtoBマーケティングの領域で、年に数十社ほどのクライアント企業さまのマーケティング戦略を立案したり、施策の実行支援をしたりしています。

もちろん自社でも積極的なマーケティング活動を展開しており、専任のマーケティング担当者は不在ですが月に200件ほどの新規見込み客獲得に成功しています。

こうした10年以上のBtoBマーケティングの実践経験によって学んだのは、BtoBマーケティングには『正しい型』が明確にあり、その型を知っているか、知っていないかで大きな差がつく領域だ、ということです。

私自身、「もっと早く知りたかった……」「あのとき、この情報を知っていたら……」と思うことが多々ありました。

本書では過去に私が関わらせていただいた、数百社のクライアント企業さまへのマーケティング支援活動を通じて得た知見、また自社でのマーケティング活動の実践例をもとに、これからBtoBマーケティングを始めようとする方でもすぐに成果の出せる『BtoBマーケティングの型』を、余すことなくお伝えしていきます（ちなみに、当社ではこれらの『型』を「メソッド」と呼んでいます）。

テレアポや飛び込み営業全盛の時代から、マーケティング全盛の時代へと変化を遂げようとしているBtoBマーケティングの分野において、本書が一人でも多くの経営者・マーケターのみなさまの成果創出の一助になれば、私にとってこれ以上の喜びはありません。

目　次

第**3**章 マーケティング投資の前にLTVを強化する

第**4**章 よい商談を生むためによい階段を設計する

第5章 BtoBマーケティングプロジェクトの進め方

第6章 ケーススタディ1 リード数が足りない

第 **13** 章 ケーススタディ 8 営業主体の会社なので、マーケの文化がない

第 **14** 章 ケーススタディ 9 コンテンツマーケティングに投資したいが、どこから手をつければいいかわからない

ブックデザイン	山田知子 (チコルズ)
図表作成	SAIRU Inc
編集担当	菅沼真弘 (すばる舎)

第 1 章

なぜ、BtoBマーケティング が重要になっているのか

インターネットの登場以降、顧客行動は大きく変わった

　私は10年以上前からBtoBマーケティングに関わっていますが、関わり始めた当初は、BtoB企業にマーケティング強化の提案を持っていくと、かなりの確率で「うちはBtoBなんで……」と言われて断られていました。

　そもそも私がマーケティング支援事業の営業活動をしていた2010年頃には、BtoB企業の中で「マーケティング部門」はまったく重要視されていませんでした。ほとんどの企業で、営業パーソンがテレアポや飛び込みの「営業」を行い、見込み客のところへカタログを持って足繁く通うことで案件を獲得していました。

　事業を拡大しようとする際にも、たとえば広告予算を投下することよりも、営業パーソンの人員を増やし、各地に営業拠点をつくることのほうが有効だとされていました。

　端的に言って、マーケティング活動よりも営業活動が重要視されていたのです。

　実際、BtoCと違ってBtoBでは有効なチャネルが少なく、郵送によるDMやFAXによるDM、展示会、業界紙への広告出稿などしか、プロモーションの打ち手がありませんでした。

　しかし、この10年ほどでインターネットが生活の中にまで入り込んで普及したことで、ほぼすべてのビジネスパーソンがスマホを1人1台持ち

運ぶようになりました。GoogleやYahoo!などの検索エンジンで情報を探し、FacebookやTwitter、InstagramなどのSNSで情報を得ることもあたり前になりました。

さらにはAmazonなどのECサイトで日用品を買ったり、メルカリで不要な物を売り買いしたりと、個人の消費行動や購買行動は、インターネットを介して行うことがあたり前になってきています。

こうした消費者の変化は、BtoBの分野でも起きており、見込み客の情報の取得先が、企業の営業パーソンからWebサイトへと移り変わっています。

下の図はトライベック・ブランド戦略研究所が行ったBtoBサイトの調査結果から引用したものですが、仕事上の製品・サービスの情報源、つま

仕事上の製品・サービスの情報源（2018年）

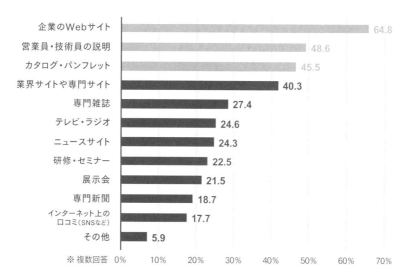

出典：トライベック・ブランド戦略研究所『BtoBサイト調査2019』2019
https://brand.tribeck.jp/research_service/websitevalue/bb/bb2019/

りBtoB市場における情報源として、「企業のWebサイト」が1位に来ています。

4位も「業界サイトや専門サイト」でWeb上の情報源ですし、3位の「カタログ・パンフレット」に関しても、企業のWebサイトから「資料請求」「資料ダウンロード」などの操作をして取り寄せているケースが多いことを考えると、BtoBの商取引においても、Webサイトなどのオンラインチャネルの重要性が増していることが伺えます。

こうした見込み客の情報行動の変化を、端的に表したのが次の図です。

BtoBマーケティングにおける情報源は？

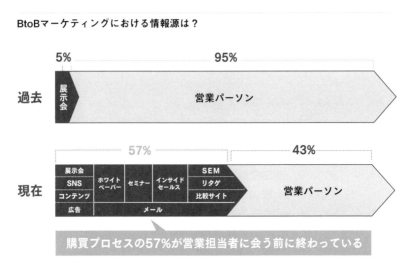

出典：''The Digital Evolution in B2B Marketing'', CEB Marketing Leadership Council. 2012
https://www.cebglobal.com/content/dam/cebglobal/us/EN/best-practices-decision-support/marketing-communications/
pdfs/CEB-Mktg-B2B-Digital-Evolution.pdf?cid=70180000000aeQ2

これは2012年に、米国のコーポレート・エグゼクティブ・ボードが発表した *The Digital Evolution In B2B Marketing* という調査資料の内容を筆者が図示したものですが、この資料では『BtoBでは顧客の購買プロセスの

57％が、営業担当者に会う前にすでに終わっている』という事実が明らかにされています。

　この調査結果については、ハーバード・ビジネス・レビュー誌の2012年12月号で、「ソリューション営業は終わった（The End of Solution Sales）」という衝撃的なタイトルの論文で日本に紹介され、BtoBの営業・マーケティング業界に激震を走らせました。

　調査の結果が示したのは、現代のBtoB市場の顧客は、インターネットを活用して自ら情報収集を行い、自社が抱える課題の解決策を自分で見つけ、さらにそのベンダー選定まで行っている、ということ。

　顧客が自ら行うベンダー選定の段階で選ばれなければ、営業パーソンは声をかけてすらもらえないということです。

　従来は、顧客の情報源は展示会や業界紙、定期的に自社を訪れてくれる営業パーソンしかありませんでした。そのため、自社が抱えている課題の解決策を探すときには、まずは懇意の営業パーソンに声をかけ、相談する、というのが一般的な行動パターンでした。

　しかしいまでは、Web上の情報を参考にしつつ、顧客自らがそれらの検討と意思決定を行うようになったのです。

　課題解決の方法は、いまや営業パーソンではなく、顧客自らが決めています。文字どおり「ソリューション営業は終わった」のであり、顧客の変化に合わせ、私たちは新しい時代の営業・マーケティング活動へと移行していかなければならない、ということになります。

顧客とのタッチポイントは
増え続けている

　こうした業界の動きは、BtoB企業の営業活動に従事する人たちにとっては、もしかすると「自身の仕事が減ってしまう」という点で恐ろしいニュースに聞こえるかもしれません。

　しかしBtoBマーケティングを手がけているマーケターにとっては、「**顧客とのタッチポイントが以前より増えている**」という観点から、むしろ喜ばしい動きと言えます。

　たとえば2000年前後であれば、前述のように郵送やFAXのDM、展示会、業界紙への広告出稿、テレアポ、飛び込み営業などでしか、顧客との接点を持つことはできませんでした。予算が潤沢なときには、マス広告も選択肢に入ってくる、という程度でした。

　時代が進んで、私がマーケティング業界に入った2010年くらいの段階になると、オンライン系の有力なチャネルがいくつか出てきていました。とはいえ、当時はBtoB企業のマーケティング手法と言えば、**検索広告**（Googleや Yahoo! などの検索エンジンの検索結果画面に、ユーザーが使用したキーワードに連動して掲載される広告。「リスティング広告」とも呼ばれる）と **SEO**（検索エンジン最適化）くらいしかありませんでした。

　それが現在では、FacebookやTwitter、LINEのタイムライン上でコンテンツとコンテンツの間に掲載される**インフィード広告**、さまざまなウェブ

サイトや動画、アプリに表示される**ディスプレイ広告**なども選択肢として選べるようになり、昨今ではテレビCMやタクシー広告などでもBtoB企業の出稿が増えています。

BtoBマーケターにとっては、顧客とのコミュニケーションを取れるチャネルが劇的に増えているのです。

顧客とのタッチポイントの増加

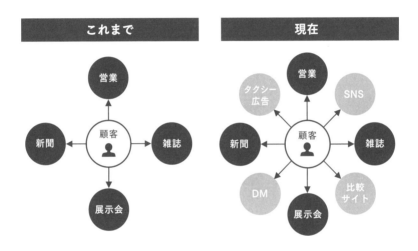

しかも、デジタルなチャネルや手法を活用したマーケティングでは、見込み客の行動がデータとして蓄積されるようになっているので、データに基づいて、顧客とのより的確なコミュニケーションが取れる時代になっています。

こうしたビジネス環境の変化を、複雑性が増し、仕事が増えただけだと捉える人もいるかもしれません。

しかし、「マーケターが会社の売上・利益に貢献しやすくなっている」

「マーケターの腕いかんで、顧客とのコミュニケーションの質を大きく変えられるチャンスが増えている」と捉えることもできます。

　インターネットの登場以降、顧客の情報行動や購買行動は劇的に変化しました。この流れは不可逆的ですから、今後もますます、BtoB企業において「デジタル」や「マーケティング」が果たす役割は増えていくでしょう。

テレワークでBtoBマーケティングのデジタル化が加速

　さらに昨今の新型コロナウイルスの流行により、展示会やセミナー、テレアポ、郵送DMなどのオフラインのマーケティングチャネルがほとんど使えなくなっています。

　コロナ禍に対応するためのテレワーク推進により、BtoBマーケティングの各プロセスにどのような影響があるのか、またそれらに対してどんな対策を取ればよいのかについても、ここで簡単に紹介しておきましょう。

テレワーク化により発生する受注までの各段階での課題

見込み客獲得	見込み客育成	営業・受注
展示会が中止 もしくは半年以上延期	電話の不達による 商談化率低下	決裁速度の低下による リードタイムの長期化
セミナー／自社カンファレンス が開催不可	電話の不達による ヒアリング難易度上昇	商談で得られる／伝えられる 情報量の低下
オフィスへのテレアポが 不達	電話で話せないことによる 商談化率低下	提案に対するROI（投資利益率） 判断の厳格化
オフィス不在で 郵送／FAX DMが不達	顧客育成目的の 少人数勉強会が開催不可	営業チーム内での 情報共有の難易度上昇
販売代理店からの 供給案件数の減少		営業メンバーの 育成難易度上昇
電車やタクシーなどのオフ ライン広告によるリーチ数減少		

テレワーク時代に予想される課題と対策

　前ページの図に、BtoB の営業活動やマーケティング活動が、テレワーク前提になった場合にどうなるか、予想される影響をまとめました。

　実際に私の会社は、BtoB マーケティングの支援会社としてさまざまな BtoB 企業に関わっていますが、その中で感じている 4 つの大きな影響を以下に示します。

影響①：新規リードの減少

- ●担当者が在席していないので、テレアポがつながらない
- ●郵送 DM や FAX DM が開封されない
- ●展示会やオフラインのセミナーが開催できない／中止になった

　従来、オフライン中心に営業・マーケティング活動を展開してきた BtoB 企業は、上記のような理由によって、新規のリード獲得に苦戦しています。

　オンライン中心のマーケティング活動にシフトしようにも、社内にノウハウがない、どこから進めればよいかわからない、といったご相談をコロナ禍以降、多くいただきます。

影響②：商談化率の低下

- ●リード（見込み客）に対して架電しても、在席していないのでつながらない
- ●そのため電話でのヒアリングができない
- ●商談設定ができない（感染防止のための訪問拒否）
- ●メールを送っても返信がない

　同じく、上記のような理由で商談化率が低下している企業が多いです。

一方で、顧客側のITリテラシーによっては、オンライン商談になったことでそれまでの対面商談よりも気軽に商談を受けてもらえ、商談化率が向上した企業も一部では存在しています。

影響③：受注までのリードタイムの長期化

　訪問によるプレゼンテーション、クロージングができなくなり、受注までのリードタイムが長期化しています。とくに高単価商材や無形商材を扱うBtoB企業は、大きな影響を受けています。

影響④：営業部門のマネジメント難易度の上昇

　営業部門内での見込み案件の情報共有や、営業メンバーの育成（研修やロープレ、商談へのフィードバック）をリモート環境で行わなければならず、戸惑う企業が続出しています。

　上記のような影響に対して、いくつかの企業では以下のような対策を実行しているので、読者のみなさんも参考にしてください。

- ●対面しなくてすむオンラインセミナーの開催
- ●広告宣伝費をオンライン中心にシフト
- ●営業パーソンが説明していた内容を、記事コンテンツや動画化する
- ●SFA（Sales Force Automation：営業業務の自動化）ツールや動画共有ツールを導入し、オンラインで営業部門をマネジメントする

デジタル化・オンライン化は待ったなし

　コロナ禍の影響により、BtoCの分野ではすでに始まっていた消費のデジタル化・オンライン化が、さらに伸展しています。本書の原稿執筆中に

も、需要の急増を受けてAmazonが国内で10万人を追加雇用するというニュースが話題になっていました。

そして個人消費において通販・ECサイトの利用が増えたのと同様に、BtoBでの購買行動も、オンラインで業者を探し、オンラインで営業を受け、オンラインで業者を選定するのが今後のテレワーク時代にはあたり前になるでしょう。

本章の前半で、2012年に米国のコーポレート・エグゼクティブ・ボードが発表した *The Digital Evolution In B2B Marketing* の中で、『BtoBでの顧客の購買プロセスは、57%が営業担当者に会う前に終わっている』と示されたことを紹介しましたが、コロナ禍という強烈な外部要因がある今後は、BtoB市場における顧客の購買プロセスのうち80〜90%近くは、営業担当者に会う前に終わってしまう時代になるのではないか、と考えています。

ここ数年、企業のデジタルシフトやデジタルトランスフォーメーションがしきりに騒がれていましたが、BtoBの取引における営業・マーケティング活動では、そうしたデジタル化・オンライン化はもはや企業を存続させるための必須要件となってきたと言っても過言ではないでしょう。

BtoB営業・マーケティングプロセスの オンライン化に必要なこと

どうすればそうしたデジタル化・オンライン化をスムーズに実現できるのか。BtoBのマーケティング・営業プロセスのすべてを、オフライン中心からオンライン中心に設計し直す場合のプロセスを右の図にまとめました。

図に示した施策を同時に、かつ複合的に行っていく必要があるのですが、

BtoB営業・マーケティング活動のオンライン化に必要な施策一覧

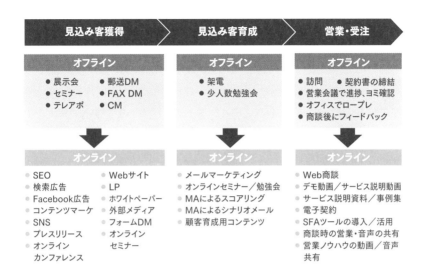

その過程で発生しやすい不安や疑問がいくつかありますので、以下にそれぞれのケースに対応する論点と、取るべき対策も紹介しておきます。

論点と対策①：オンライン中心にして、リアルな展示会やセミナーに匹敵するほどリード（見込み客）を獲得できるのか？

　1つ目の論点は、「リアルな展示会やセミナーで獲得していた、ときには数百〜数千件にのぼるほどの新規リードを、オンラインの各種施策で本当に獲得できるのか？」です。

　この点に関しては、施策にきちんと予算や社内のリソースをシフトすれば、十分に代替することが可能です。

●検索広告、ディスプレイ広告、インフィード広告など、各種のデジタル広告の出稿

●オンラインセミナーの開催

●記事、動画、ホワイトペーパー（一定のテーマについてのお役立ち情報をまとめた文書）などによるコンテンツマーケティングの強化

このうちデジタル広告の出稿に関しては、近年とくに**ホワイトペーパーを作成してFacebook広告などのインフィード広告を出稿する施策**が、リアルな展示会やセミナーと質の近いリードを獲得できる可能性が高くおすすめです。

リード獲得の平均単価も数千円前後と、十分検討できる範囲です。

オンラインセミナーについては、テレワークで日中の自由時間が増えた人が多いために、予想以上に集客できるという話をよく耳にします。

実際、私の会社が非常事態宣言下の2020年4月に行ったオンラインセミナーでは、短期間のうちに想定以上の600名弱の方が集まりました。

これは少し特殊な状況下での事例ですが、**オンラインセミナーのテーマがきちんと市場のニーズに合っていれば、びっくりするほどの集客ができる場合もある**、と示してくれる一例でしょう。

オンラインセミナーの場合、会場費が安価ですむことや、**参加上限人数をさほど意識しなくてよい**という利点もあります。

論点と対策②：デジタル広告やオンラインセミナーで獲得したリードの商談化率は高いのか？　（＝十分な商談数が確保できるのか?）

2番目の論点は、「オンラインマーケティングに投資してリード数が取れたものの、そのリードは本当に商談につながるのか?」です。

テレワーク化に伴い、インサイドセールス（電話やメールによる内勤営業）の着電率が下がっています。電話によるヒアリングや商談設定ができない

場合、メールでのコミュニケーションになってしまい、どうしても商談化率は下がります。メールなら、顧客は気兼ねなく断われるからです。

そこでおすすめしたいのが、次の2つの対策です。

●従来よりも多めに新規リードを獲得する
●商談化を急がず、まずはオンラインセミナーやオンライン相談会等で接点をつくることに注力する

オンライン施策の特性上、予算と手間さえかければ、新規リードの量を増やすこと自体はさほど難しくありません。

デジタル広告への出稿を増やしたり、オンラインセミナーを月に複数回開催したりすることで、たとえば以前は「100件／月」だった新規リード獲得の目標値を、「150件／月」や「200件／月」といった獲得目標値に変更するとよいでしょう。

またいきなり商談を設定するのではなく、まずはオンラインセミナーやオンライン相談会等で顧客接点をつくる段階を踏み、その後に個別に商談の打診をするのは有力な選択肢です。

とくにオンラインセミナーで集客した見込み客は、多くの場合、商品を探している段階ではなく、情報収集の段階にいるため、いきなり商談を設定しても断られてしまいます。

つまり「リード獲得→商談打診」という単純なプロセスから、「リード獲得→オンラインセミナーやオンライン相談会→商談打診」と1段階、従来より多くのステップを挟むことで、顧客接点の強化を行うのがおすすめです。

論点と対策③：オンライン営業でクロージングできるのか?

3番目の論点は、「Web会議によるオンライン営業で、本当にクロージングまで持っていけるのか?」です。

この点はなかなか解決が難しく、とくに高単価商材や無形商材の場合には、従来よりクロージングまで到達させることがどうしても難しくなるため、大きな影響を受けることがあるでしょう。

考えられる対策としては、以下のようなものがあります。

- ●Web上に営業を補助するコンテンツを事前に公開しておくことで、リードタイムを短縮する
- ●オンライン営業のスキルを磨く

オンライン営業では、リアルな営業よりも伝えられる情報量はどうしても減少します。そこで顧客の意思決定を助けるために、Web上に営業を

よくある「4つの不」を整理すると、足りないコンテンツが見えてくる

例：マーケティング支援企業の場合

	よくある顧客の反応	反応に対する訴求コンテンツ
不要	「マーケティングは自社運用したいので不要」	● 自社運用体制を3ヶ月で構築した支援事例
	「コンサルを使って売上UPしたことがないので不要」	● 投資対効果のシミュレーションや事例
不急	「リード増が必要なのは営業が増える半年後なので急がない」	● 成果が出るまでの一般的なスケジュール
	「今期はコスト削減が優先なので来期以降考えたい」	● コストを抑えたミニマム施策の成功事例
不信	「企業規模が小さいので不安感がある」	● 大企業の支援実績
	「実際のクオリティが不安」	● 成果物イメージ／コンサルによるセミナーや勉強会
不適	「マーケティングだけ知っていても、業界知識がないと難しい」	● アサイン予定者の業界経験や実績
	「同じ支援内容なので安価な方で検討する」	● 伴走型の独自支援方法の解説図

補助するコンテンツ（記事、動画、資料など）をあらかじめ公開しておきましょう。

　たとえば私の会社の場合にも、扱っている商材は「BtoBマーケティングの戦略立案や施策実行を代行する」という高単価かつ無形のサービスですが、オウンドメディアやSNS、各種ホワイトペーパー等でコンテンツを継続的に発信したり、商談フェーズでよく聞かれる質問にWebページや営業資料、動画で事前に答えたりしておくことで、リードタイムの短縮に成功しています。

　ちなみに公開しておくコンテンツの具体的な内容については、顧客が自社の商品を認知してから実際の発注までに感じるとされる「4つの不」、すなわち「不要」「不急」「不信」「不適」をそれぞれ解消できるコンテンツが考えられるでしょう（左下図参照）。

　また、私の会社では下図に示した「売れるロジック」という独自フレー

売れるロジックの構成要素

BtoBの購買目的は「課題解決」。それをロジカルに説明できること	
問題提起	BtoBマーケティングの戦略から相談できる会社がないですよね
原因の深堀り	担当者が不在／BtoBマーケの知見がない／SEO、広告、ツールの会社にマーケティング戦略は相談できない
解決策の方向と結果	戦略に特化したコンサルティング会社です
解決策としての商品紹介	業界歴10年以上のコンサルタント／戦略から施策の実行支援まで／独自のサイル式メソッドで再現性高く、成果を提供
信頼	売上・商談数等を増やしてきた実績／具体的なメソッド資料／ブログやnote、Twitterでの情報発信／メディア連載・登壇実績
安心	コンサルタントの保有案件は6社まで／提案資料のサンプルを提示
行動の後押し	プロジェクトのご相談

ムワークを用いて、製品やサービスが売れるまでに必要なロジックを整理しています。

　こちらを参考にして、それぞれの構成要素に対応するコンテンツを用意する形でも、信頼・安心につながるコンテンツを準備できるかと思います。

　とはいえ、Web上のコンテンツだけで顧客が意思決定するのは、なかなか難しいというのも事実です。

　今後もオンライン営業の必要性は長く続くという前提で、**組織として各営業パーソンのスキルを地道に高めていく**ことも必須でしょう。具体的には以下のような能力や資料が求められてきます。

　●受注までの商談ストーリーのより入念な設計
　●PCやモバイルでも見やすい営業資料／プレゼンテーション資料
　●営業パーソンやサービス提供者の人となりを伝える工夫

論点と対策④：リモート環境になり、営業部門のマネジメントの難易度が上がったが、どうすればいいのか？

　最後の論点は、「営業部門がリモートチームになったときに、マネジメントのあり方をどう変えればよいのか？」です。

　オフィスで机を並べながら、チームメンバー間で架電や商談の状況を共有したり、それぞれの営業パーソンのトークにその都度、上司がフィードバックしたり、といった仕事の仕方は、今後しばらくは実行できません。

　以下のような対策を行い、これまでアナログだった営業の領域を一気にオンライン化、デジタル化していきましょう。

　●SFAツールを導入し、商談履歴をオンラインで共有
　●ベルフェイスのようなオンライン商談ツールや、MiiTelなどの電話営

業支援／管理ツールを導入し、商談の様子を記録してリモートで上司がフィードバック

●ハイパフォーマーの営業トークを録画して、チーム内で共有

状況の変化を前向きに捉え、営業活動をデータに基づき、データで判断する「データドリブン」なスタイルに変えていく契機にできるとベストでしょう。

BtoB営業・マーケティングプロセスのオンライン化のためのToDoリスト

本章の最後に、BtoB営業・マーケティングのオンライン化・デジタル化をスムーズに実現するためのToDoリストを掲載しておきます。

リード獲得プロセスのオンライン化・デジタル化に必要なToDoリスト

☐　SEO

☐　検索広告の出稿

☐　ディスプレイ広告の出稿

☐　SNS広告（Facebook・Instagram・Twitter）の出稿

☐　SNSの活用

☐　記事や動画コンテンツの作成

☐　ホワイトペーパーの作成

☐　オンラインセミナーやオンラインカンファレンスの開催

☐　Webサイト改善

☐　ランディングページ（自社サイトを訪問した見込み客が最初にアクセスするページ）の制作／改善

☐　外部メディアへの出稿

- ☐　フォームDM（各社サイトの「問い合わせフォーム」を利用して送る、メール形式のDM）の送付
- ☐　プレスリリースの発信

リード育成プロセスのオンライン化・デジタル化に必要なToDoリスト

- ☐　メールマーケティングの強化
- ☐　オンラインセミナー／勉強会の開催
- ☐　MA（Marketing Automation：マーケティング活動の自動化支援）によるスコアリングの活用
- ☐　MAによるシナリオメール（ステップメール）の活用
- ☐　リード育成用コンテンツの作成

営業・受注プロセスのオンライン化・デジタル化に必要なToDoリスト

- ☐　Web商談ツールの導入
- ☐　営業資料／パンフレットの見直し
- ☐　サービス説明／プレゼンテーション動画の作成
- ☐　SFAツールの導入／活用強化
- ☐　電子契約サービスの導入
- ☐　ロープレ動画、営業ノウハウ動画の共有
- ☐　営業トークの見直し

第 **2** 章

BtoB マーケティング
の特徴

BtoCマーケティングとの
違いを把握しておく

　第1章で見たように日々重要性が増しているBtoBマーケティングですが、一般的なBtoC（企業対消費者）のマーケティングとはどのような点が違うのでしょうか？　いくつかの重要な点に絞って解説しておきます。

BtoCとBtoBマーケティングの違い

- 利用者よりも意思決定者目線のメッセージやコンテンツが有効な場合が多い
- 「売上アップ」「コスト削減」「それがないと業務が回らない」に寄与すると売れる
- すぐに購入することは稀なので、継続的なコミュニケーションが必要
- その場で購入せず、営業パーソンに引きわたすことが前提

	B to C	B to B
対象	生活者	法人や団体
顧客数	多い	少ない
購買関与者の数	★ 1人	★ 複数かつ多層
利用者	多くの場合、購買者と同じ	購買者と同じとは限らない
購買目的	★ 所有、体験、もしくは課題解決	★ 課題解決
検討期間	★ 短期間	★ 長期間
購買の際に重視される点	ブランドや付加価値も影響	機能や実績など
購買単価	少額（数百円〜数万円）	高額（数十万円〜数億円）
情報の非対称性	小さい	大きい
購入チャンネル	★ 販売員やECサイト	★ 営業パーソン

購 入 チ ャ ネ ル

　BtoCマーケティングとBtoBマーケティングの一番の違いは、購買プロ

セスの中に営業が介在することです。

　BtoCでは、消費者は主に店頭やECサイトから商品を購入します。このとき、商品の選択に営業パーソンが介在するケースは、ないわけではありませんが少数です。消費者は自分の目で商品を見比べ、事前の情報などを思い出しながらその場で判断して、購入するかどうかを決定します。

　一方でBtoBの場合は、原則として企業の営業パーソンと商談してから、購入の検討をすることが一般的です。価格の安い商品や何度も発注する商品（名刺やチラシの印刷など）ならば、ECサイトを通じていきなり購入するようなこともありますが、それなりの価格の商品であれば、まずは説明を聞いて見積もりを取り、決裁権限者の承認を得てから買う、という企業が多いはずです。

　そのため、BtoBマーケティングの戦略設計では、**どう営業パーソンが商談しやすい状態で案件をパスするか**を、きちんと意識しながら設計することが、売上や利益を上げるうえでの肝になってきます。

　さらに売上を構成する「商談数」「受注率」「商材単価」のうち、「受注率」は10〜30％に落ち着くことが多く、この数字が2倍や3倍になることは滅多にありません。「商材単価」も10倍、100倍に上がることは稀でしょう。

商談数が一番コントロールしやすい

しかし、「商談数」だけはマーケターの努力で10倍、100倍に増やすことが可能です。BtoBマーケターが影響を及ぼしやすいという観点から、営業パーソンにパスする「商談数」を見ていくことが大切になります。

購買関与者の数

2つ目の大きな違いは、購買に関与する人の数です。

BtoCの場合は自分のために時計を買う、飲料を買う、衣服を買う……などと1人で意思決定することが多いです。

対してBtoBの場合は、原則として複数人、複数職種、複数役職の人たちが購買の意思決定に関与します。

具体例として、ある会社がメール配信ツールを導入しようと思った場合を考えてみましょう。

メール配信ツールの提供会社に直接問い合わせをするのは、その会社のマーケティング担当者でしょう。ただ購入するかどうかの最終的な意思決定は、決裁権限を持つマーケティング部門の課長や部長などの役職者、という場合が一般的です。

さらに、最終的な意思決定の前には、実際にそのメール配信ツールを使って、メール配信業務を担当するWeb担当者や、メルマガ担当者にツールの使い勝手を確認することになるはずです。

ここまでですでに、顧客社内で4～5人の関係者が購買の意思決定に関与していることになります。

このほか、業種によっては社内で製品企画部門の地位が高く、営業部門の地位が相対的に低いために、製品企画部門に刺さる提案でないと稟議がとおらない、といったケースもあります。

ごく少人数の会社で、社長が自ら意思決定をする場合を除けば、BtoB
マーケティングでは顧客社内の確認・調整・稟議があることを前提にして、
発信するメッセージやコンテンツ、全体のコミュニケーションシナリオを
設計する必要があるのです。

購 買 目 的

　3つ目の違いは、購買目的です。

　BtoCの場合、たとえば「ディズニーランドやUSJに行って楽しい体験
がしたい」「ステータスとして高級時計や高級車を所有したい」などといっ
た形で、「体験」や「所有」を目的として購買がなされる場合が多いです。

　もちろん課題解決を目的とした購買行動（疲労が溜まったのでマッサージ屋
に行く、など）もありますが、全体の中ではごく一部でしょう。

　一方、BtoBの場合は「楽しい体験がしたい」「ステータスとして所有し
たい」などといった理由で購買行動につながるケースはほとんどなく、「売
上や利益を上げる」「コストを下げる」など、業務上の課題解決を目的と
した購買行動が主流です。

　その製品やサービスを導入することで、会社の売上・利益がどれくらい
上がるのか、コストが下がるのかを決裁者は気にするのです。

　当然、Webサイトや営業資料、広告のクリエイティブ（制作物）で打ち
出すメッセージやコンテンツは、企業の課題解決にいかに寄与するかを訴
求することが重要になります。

検討期間

　4つ目の違いは検討期間の長さです。

　BtoCの場合は、不動産や車などの高額商品を除き、意思決定は瞬間、もしくは1〜2週間程度（長くても1〜2ヵ月）でなされるのが一般的です。ところがBtoBの場合は、**数ヵ月、もしくは数年単位の検討期間が必要になることが普通にあります。**

　たとえば最近、私の会社も自社のWebサイトのシステム変更を検討したのですが、その変更によってどれくらい業務が効率化され、売上・利益が上がるのか、新しいシステムの使い勝手は問題ないのかといった点の検討に、3ヵ月ほどの時間がかかりました。

　上場企業の場合は年度の予算が決まっているため、業務上の課題は顕在化しているが、どうしても今期の予算では発注できず次年度の予算でやらざるをえない、とか、逆に今期の予算が余っているために、年度末に一気に発注行動が起きたり、といったケースもあります。

　BtoBマーケティングの戦略設計では、こうした顧客側の検討期間の特徴を、最初から考慮に入れておく必要があります。

情報の非対称性

　5つ目の違いとして見逃せないのが、情報の非対称性の大きさです。

　BtoCの場合、飲食店であれば食べログで事前にお店の評価・評判を確認したり、家電製品も価格.comや一般のブロガーが書くレビュー記事で事前に情報を得たりしたうえで、購入の意思決定ができます。

　しかしBtoBの場合は、食べログや価格.comのような口コミサイトや比較サイトは、特定の領域を除き存在しません。ブロガーが法人向けの商品

をレビューしていることも滅多にありません。

　このように、**購入企業側は事前の情報が少ない中で意思決定をする必要があるため、BtoB での購買行動はまだまだ情報の非対称性が大きい領域であると言えます。**

　そのため Web 上にコンテンツを大量に掲載し、検討・意思決定にあたっての顧客の不安を少しでも取り除くことができれば、顧客の意思決定におけるハードルを下げることができます。

　一例として、BtoB マーケティングのコンサルティングサービスを提供する私の会社でも、自社のノウハウを Web サイト上で多数公開しています。

【参考】https://sairu.co.jp/documents

成果を出すためのノウハウやチェックリスト、すぐ使えるフォーマットなどをまとめています。個人情報入力なしで閲覧できます。

**実行を加速させる
マーケティング活動の進め方**

マーケティング活動において、プロジェクトを推進させるための実行のポイントをまとめています。

**オンライン営業を成功に導く
100のチェックリスト**

オンライン営業を本格導入する際に検討・整備すべき事項をチェックリストにまとめています。

**ウェビナーのノウハウと
業務フローを全解説**

ウェビナーを開催する際のツール選定から企画・運営・商談化のポイントまで一気通貫で解説します。

当社のサービスを検討いただく見込み客の方に、あらかじめ当社が持つ
ノウハウの量と質を確かめていただくことで、発注検討の参考にしていた
だいているのです（前ページ図参照）。

結果として、比較的高額なコンサルティングサービスを、非常に短い検
討期間で発注決定してもらうことに成功しています。

顧客の数が少ない

6つ目の違いは、「顧客数」や「製品販売数」がBtoC向けの商品と比べ
て極端に少ないことです（もちろん会社や商品の特性にもよります）。

マクドナルドのハンバーガーは1秒間に75個も売れているそうですが、
BtoBの商品は月に75個、場合によっては年に75個売れれば、十分に売
れていると言える場合が少なくありません。

実際にアメリカのBtoB上場企業の中には、1商品あたりの単価が1〜
100億円のため、顧客数は10社程度という会社もあります。

もちろん会計ソフトのfreeeやMoney Forwardクラウド、社内コミュニ
ケーションツールのChatworkやMicrosoft Teamsのように、数十万社、数
百万社に導入される商品もありますが、BtoB市場の中では少数派です。

そもそも対象となる顧客数が少ないために、マス広告よりも業界紙での
広告出稿が有効だったり、一度つくった顧客接点を維持・深堀りしてい
く重要性が高かったりするのも、BtoBマーケティングの特徴と言えるで
しょう。

第 3 章

マーケティング投資の前に
LTV を強化する

LTVの強さがマーケティング戦略の自由度を決める

「今期、Webからのリード数を前年比の300％にしたい」「一気に市場を取っていきたい」といった相談をいただき、マーケティング戦略の立案をすることがありますが、**もともと強いビジネスであればあるほど、戦略立案の自由度が上がる**ことを痛感します。

新規事業開発やスタートアップの世界では、健全なユニットエコノミクスになっていれば、つまり、あるビジネスにおけるユニット単位での取引の経済性・収益性がプラスになっていれば、安心して拡大に向けた投資に踏み込めるという議論があります。

マーケターも、**自分が担当するビジネスのユニットエコノミクスがプラスになっているか、マイナスになっているかを常に考える習慣を持つこと**が大切でしょう。

ここで言う「ユニット」とは、たとえば中古車販売であれば、「車1台あたり」のことです。さまざまなネジを売っているのであれば、「注文をしてくれる顧客1社あたり」になります。

要は1顧客との取引が、原価や顧客獲得コストを加味してプラスになっているかどうかを見ていきましょう、という話です。原理的には、強いエコノミクスを持つ「ユニット」を積み上げた先に、巨大な事業ができ上がります。

このユニットエコノミクスの健全性によって、描けるマーケティング戦

略は大きく変わります。

LTVが高いとCACやCPAを無視できる

ユニットエコノミクスは、「LTV÷CAC」という計算式で表せます。

　LTV（Life Time Value）は「顧客生涯価値」とも言われ、1顧客が生涯に生み出す利益の合計のことです。たとえばサブスクリプション型のビジネスであれば「1顧客あたりの月次利益×継続月数」、スポット型のビジネスであれば「1取引あたりの利益×リピート購買回数」で算出できます。

　CAC（Customer Acquisition Cost）は「顧客獲得コスト」のことで、新規顧客獲得にかかった営業・マーケティング費用の合計を、新規顧客獲得数で割ることで算出できます。

　「LTV（顧客生涯価値）÷ CAC（顧客獲得コスト）」が健全な数値であれば、収益性のあるビジネスとみなせます。たとえばSaaS（Software as a Service：必要な機能を必要な分だけ利用できるソフトウェアやサービス）ビジネスであれば、「3」以上が目安になると言われています。

　この式内のLTVが高ければ高いほど、もしくはLTVと現状のCACの差分が大きければ大きいほど、CACに費用をかけられます。
　つまり、顧客獲得のためにテレビCMの出稿や大きなカンファレンスを開催することなども選択肢にできます。

　逆にLTVが低く、ユニットエコノミクスがカツカツの状態であれば、CACに大きな費用を投下することはできず、マーケティング戦略上、取れる選

択肢の数は少なくなります。

つまり比較的コストがかからない郵送 DM や FAX DM、テレアポ、あるいはもっとも効率のよい獲得系の広告チャネル（検索広告など）だけで、当面のマーケティング施策を組み立てざるを得なくなります。

実際、LTV が数千万円〜数億円あるような会社の経営者は、往々にして「LTV が数億円の案件を獲得できるのであれば、CAC は無視できるほど小さい。CPA（Cost Per Action［Acquisition］：顧客の 1 アクションあたりの費用）や CAC は気にしていない」と語ります。

つまり商談獲得単価が 10 万円でも 20 万円でも、最終的に数億円の取引になるのであれば、その 10 万円や 20 万円は費用対効果の見合う投資であって、もはや 100 万、200 万円をかけてもユニットエコノミクス的には痛くない、ということです。

実際に BtoB 企業で「マーケティングがうまい」と言われる企業（たとえばビズリーチ、Sansan、SmartHR、サイボウズ、マッキンゼーなど）は、ことごとく LTV の高いビジネスを運営しています。彼らは高い LTV を誇るがゆえに、積極的なマーケティング投資ができるのです。

ことほど左様に、LTV の高さはマーケティングの戦略や施策に影響を及ぼします。

LTV は 構 造 に 影 響 を 受 け る

ペイパルの創業者で、Facebook の初期の投資家であるピーター・ティールらは、その事実を著書『ゼロ・トゥ・ワン　君はゼロから何を生み出せるか』（NHK 出版）の中で右のような図に表現していました。

要は、企業が成功するためには、大きな顧客への到達コスト（CAC）を許容できる大企業や政府向けのサービスを提供するか、到達コストを劇的

ピーター・ティールのデッドゾーン問題

出典:『ゼロ・トゥ・ワン　君はゼロから何を生み出せるか』
（ピーター・ティール、ブレイク・マスターズ／ NHK 出版）

に抑えられるバイラルマーケティング（口コミを利用した低コストのマーケティング手法）を活用して、どの企業も使うインフラ的なサービス（メールやチャットなどのコミュニケーションツール、会計ソフトなど）を低い到達コストでマーケティングするかでないと難しい、という指摘です。

　彼は上記の話の中で「たとえば、コンビニのオーナー向けに在庫と発注管理のソフトウェアをつくったとしよう。ソフトウェアの利用料が1,000ドルだとすると、見込み客の中小企業にそれを売り込む有効な販売チャネルはないようだ」とも表現しています。

　これは、コンビニオーナー向けには、ユニットエコノミクスを健全に保ったまま拡大できるほどCACの低いチャネルは存在しないだろう、と言っているわけです。

SaaSには「死の谷」が存在する

　Blossom Street Ventures が米国のSaaS企業37社について、上場時のACV（Average Contract Value：1顧客あたりの年間契約金額）を分析した調査結果を見ると、上記の指摘の重要性をよりよく理解できます（次ページ図参照）。

SaaSの死の谷

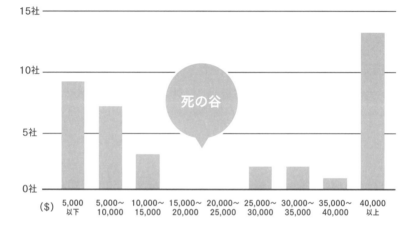

Blossom Street Ventures が米国の SaaS 企業 37 社について、
上場時の ACV（Average Contract Value：1 顧客あたりの年間契約金額）を
調査した結果、ACV 50 万〜360 万円の間には会社が存在しなかった

出典："Your target ACV − $25k", Blossom Street Ventures. 2019 より著者作成
https://blossomstreetventures.com/2019/07/03/your-target-acv-25k/

　グラフを確認すると、年間契約金額が150万〜250万円前後のレンジに
は、上場企業がまったく存在していないことがわかります。

　同社が行った別の調査によれば、米国で上場している SaaS 企業81社の
うち78社が、中堅・大手企業をターゲットにビジネスを展開していました。
上場できる規模までビジネスを成長させようと思ったら、年間契約金額50
万円以下でセルフサーブに近い形のサービスを提供するか、中堅・大手企
業向けに年間契約金額250万円以上のサービスを提供するかの二択にならん
ざるをえないということです。

SaaSビジネスの世界では、この年間契約金額150万〜250万円の領域は「死の谷」と呼ばれており、この領域ではビジネスを成立させるのが難しいと言われているのです。

ＢｔｏＢのＣＡＣは一定以下には下がらない

なぜ、ピーター・ティールらの指摘や、SaaSビジネスにおける「死の谷」のような状況が発生するのでしょうか？　一番の理由は、BtoBビジネスとBtoCビジネスにおける購買特性の違いです。

第2章で解説したように、BtoBの購買には以下のような特徴があり、想像以上に営業コストがかかります。

●衝動買いが少なく、購買までの検討期間が長い

●購買に複数人、複数職種、複数役職が関与するため、社内での調整や説明、稟議などのプロセスが必要

●商談から受注までの検討期間が長期にわたる

●最終的な販売チャネルは店舗やECサイトではなく、営業パーソン。訪問、提案、見積もり、契約などにおいて営業パーソンが介在する

仮に、検索広告によってお問い合わせや資料請求レベルのリードをCPA15,000円で獲得し、その後の受注率は25％、営業が1回の訪問で契約を決めるという理想的なケースを想定したとしても、CACはおおよそ140,000円かかることになります（以下計算式参照）。

　　（CPA15,000円÷受注率25％）＋（営業人件費5,000円／時間
　　　　×移動、商談時間など合計4時間÷受注率25％）
　　　　　＝140,000円

同様に、Facebook広告でホワイトペーパーダウンロードレベルのリードをCPA 3,000円で100件獲得し、そのうちの5件が商談化、1件受注したと仮定しても、CACはおおよそ400,000円かかる計算となります（以下計算式参照）。

（CPA3,000円×100件）＋（営業人件費5,000円／時間
　　×移動、商談時間など合計4時間 ÷ 受注率20％）
　　＝400,000円

これに加えて、展示会やイベントでリードを集客したうえで、MAツールやインサイドセールスによって育成し、検討段階の上がった見込み客と商談を設定する現代的なBtoBマーケティングモデルを実行するなら、CACは最低でも500,000円程度は必要になります。

「いやいや、口コミや紹介経由で案件が獲得できていて、広告宣伝費は

BtoB事業におけるLTVとCACの関係

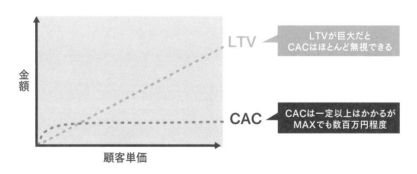

議論すべきは「LTVをどう上げるか？」

かけていないし、受注率は50％を超えているよ」という方もいらっしゃるかもしれません。しかし、ビジネスを成長させるためにチャネルを広げようとするなら、どうしても一定以上の広告宣伝費が必要になり、受注率は20〜30％程度に低下していきます。

BtoBにおいて、CACは一定以下には下がらない（左図参照）。

この事実に立脚したうえで、BtoBマーケティングの施策、そしてビジネス全体を設計していくことが、非常に重要なポイントとなるのです。

エンプラかインフラか

上記のような構造的な理由から、ビジネス上の「成功」のひとつの基準と言える上場を達成しているBtoB企業は、ことごとく以下の2パターンのいずれかにあてはまるサービスを提供しています。

1　エンタープライズ（大手）企業向け
　　　例）　Sansan、キーエンス、NTTデータ、電通など
2　インフラ系（単価は低いが、一度入ると継続期間が5年、10年と長くなる）
　　　例）　Slack、Chatwork、楽楽精算など

極論を言ってしまえば、**SMB（Small and Medium Business）、つまり中小企業向けに商品を開発した瞬間に、ビジネスのサイズが限定され、上場できる規模にはならないということです。**

もちろんすべての企業が上場を目指しているわけではないですし、ビジネスの規模を拡大させやすいエンタープライズ企業向けやインフラ系サービスは競争が激しく、生き残るのが大変という側面もあります。

しかしながら、マーケティングの巧拙以上に、誰を対象顧客にするか

（エンタープライズ企業）、どんなサービスを提供するか（一度入ったら抜けにくいインフラ商材）で、**ある程度勝負は決まってしまう**ということは、重々理解しておきたいポイントです。

　同様に、帝国データバンクが業界ごとの企業間取引の平均取引年数を発表していますが（下図参照）、この資料も、マーケティングの巧拙以上に、**どの業界で戦うかでそのビジネスのLTVはおおよそ決まってしまう**、という事実を示したものだと言えます。
　ちなみに同調査では、鉱業、製造業、電気ガスなどのインフラ業が平均取引年数の長い業種として挙げられており、逆に平均取引年数の短い業種として、官公庁や建設業が挙げられていました。

企業間取引の長さは業種によって規定される

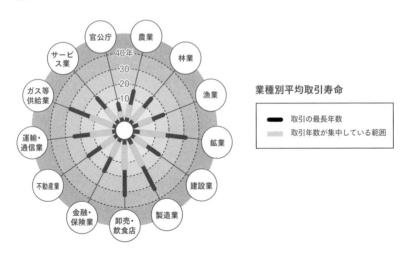

業種別平均取引寿命

■■ 取引の最長年数
▨ 取引年数が集中している範囲

出典：帝国データバンク「帝国データバンクの数字で見る日本企業のトリビア」2020
http://www.tdb.co.jp/trivia/index.html

例外的にコストが劇的に下がるケース

「BtoBのCACは一定以下には下がらない」と書きましたが、いくつかの例外は存在しています。

どの会社でも使える方法というわけではありませんが、参考までに紹介していきましょう。

ネットワーク効果 　（例：Slack、ベルフェイスなど）

製品やサービスの利用者が増えるほど、その製品やサービスのインフラとしての価値が高まることを「ネットワーク効果」と言います。

たとえばコミュニケーションツールのSlackは、社内や取引先での利用者が多ければ多いほど、その利便性が向上します。そのため、ユーザーがユーザーを呼ぶ形となり、指数関数的にユーザー数が増加していきました。

このようにネットワーク効果が大きく効いているビジネスは、CACが非常に低くなることがあります。

口コミ 　（例：識学、すごい会議など）

見込み客同士が積極的にコミュニケーションを取っている領域では、サービス提供側が何もしていないのに、口コミによって勝手に顧客獲得が進む場合があります。当然、それらのビジネスのCACは低い水準になります。

わかりやすい例が、経営者向けのサービスです。経営者は勉強会や会食、ゴルフなどを通じての横のつながりが強く、ネットワーク内でおすすめのサービスが流通していきます。

実際、2018年に上場した組織コンサルティング会社の識学は、口コミ・紹介経由の顧客が全体の6割にものぼるとのことで、CACもかなり低くなっていることが予想されています。

既存顧客にアップセル、クロスセルする

（例：Pardot、モチベーションクラウドなど）

すでに取引のある既存顧客に、従来の商品と近い領域のサービスを追加販売する場合にも、CACを低く抑えることができます。つまりはクロスセルやアップセルで売上を伸ばす場合です。

新規顧客の獲得コストは、既存顧客に売る場合のコストの5倍はかかると言われます。これはつまり、既存顧客への追加販売は、新規顧客へ売る場合に比べてCACを5分の1に抑えられる、と言うのと同義です。

たとえばSFAツールを提供するセールスフォース社が、同社のMAツールであるPardotを既存顧客に案内する場合、あるいは組織コンサルティングのリンクアンドモチベーション社が、組織診断ツールのモチベーションクラウドを既存顧客に案内する場合、などがわかりやすい事例となるでしょう。

強力なブランド　（例：IBM、マイクロソフトなど）

消費者向けのブランドではAppleがわかりやすい例でしょう。世の中には、「Apple製品だから買う」という人たちが多数存在します。

実は私も、最近AirPods Proを買ったのですが、SNSの口コミでAirPodsを知り、Apple製品への信頼感からとくにスペックなどを調べることなくすぐに購入に至りました。

このようにブランド自体が強力なパワーを持っている場合には、CACを低く抑えることができます。

BtoBの商材であれば、IBMやマイクロソフトなどが該当すると思います。

他社が提供できない製品・サービス

（例：浜松ホトニクスなど）

世界でその会社しか提供できない技術を持っていれば、顧客はその会社

に依頼するしかありませんから、CACは劇的に低減されます。

たとえば光電子増倍管で世界シェア約90%を誇る浜松ホトニクスは、光関連の高い技術を持っており、それらの技術や製品が必要な顧客は、浜松ホトニクスに依頼するほかない状況が生まれています。

第一想起され、指名検索される （例：Sansan、ラクスル、アスクルなど）

炭酸飲料と言えば「コカ・コーラ」、テーマパークと言えば「ディズニーランド」のように、当該ジャンルにおける第一想起を取れれば、CACは大きく減少します。俗に言う「指名買い」です。

BtoBの場合なら、名刺管理システムならSansan、ネット印刷ならラクスル、オフィス用品を買うならアスクル、のような指名買いが起きる状態が理想的です。

強力な販売代理店の存在 （例：光通信、大塚商会など）

商品を強力な販売力を持つ代理店に扱ってもらうことも、CACの低減に大きな効果を及ぼします。

わかりやすく、シンプルな商材が向いていますが、たとえば大塚商会や光通信などの強力な営業力を持つ会社に自社製品を扱ってもらうことができれば、代理店手数料はかかりますがCACは大きく下がります。

一方、販売代理店への依存が長く続くと、自社で顧客ニーズを細かく把握できなくなり、新規事業を立ち上げづらくなったり、強力な競合が出てきたときに素早い対抗戦略を練りにくくなったりするなどのデメリットもあります。

コンテンツマーケティング （例：インソース、WACULなど）

もし自社のビジネス領域に有望な検索クエリ（検索に使われるキーワード）があれば、コンテンツマーケティングは劇的にCPAやCACを下げてくれ

る取り組みのひとつです。

　たとえば下の図は、AIアナリストを提供するWACULが公表している
グラフですが、彼らが運営するオウンドメディア『AIアナリストブログ』
のコンテンツが資産化することで、CPAがどんどん下がっていることが見
て取れます。

AIアナリストブログのCPAの推移

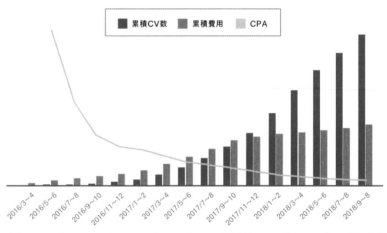

出典：WACUL プレスリリース「オウンドメディアマーケティング実行支援サービス『AI ライター』の一般向け提供
を開始。集客増だけでなくコンバージョン増までを意識したコンテンツ作成を支援」2019.1.15
https://wacul.co.jp/pressrelease/aiw_launch/

　ほかにも、たとえば東証一部上場の研修会社インソースは、自社のWeb
サイト内に1.3万ページ以上（2019年12月時点）のコンテンツを保有してお
り、200以上のキーワードでGoogle検索結果の1位表示を獲得していま
す。企業研修を探すユーザーは「○○　研修」で探す割合が多く、ビジ
ネスにも直結するため、コンテンツマーケティングとの相性がよいのでしょ
う。

　同社の決算資料でも、経営の重要KPI（Key Performance Indicator：重要業

績評価指標）として、Webページの数と検索1位獲得数が示されています。

LTVを高める方法は3つに分けて考える

「マーケティングに取り組む前に、まずはLTVを高めることが大切だ」とは言いましたが、「言うは易し、行うは難し」です。

　本質的には、顧客が価値を感じるものを提供し、その価値を高め続けることが重要ですが、ちょっとした工夫でLTVを改善することもできます。

※LTVは一般に「平均購買単価×継続購買期間or平均購買頻度」で算出されます。そのため、これを伸ばすには平均購買単価を上げるか、継続購買期間を延ばすか、平均購買頻度を増やすかの3つの選択肢しか存在しません。

平均購買単価に着目してLTVを高める

　まずはBtoBサービスの平均購買単価を上げる5つの方法を順に確認していきます。

1. 提供価値の向上に合わせて値上げする

　機能を充実させ、ユーザーが得られる便益を増やしていくに従って、単価を上げるパターンです。

　2019年にAmazonプライムの年会費が3,900円から4,900円に値上げされたときのことが好例でしょう。上昇率にすると25.6%にもなる大幅値上げだったのですが、同社のサービスは日々拡充していたため、そのサービスに満足している多くのユーザーが、解約することなく使い続けたのではないかと言われています。

2. 中堅・大手企業を対象にする

　仮に同じサービスを同じ原価で提供する場合でも、単純に財務体力が違うために、SMBよりも中堅・大手企業のほうが支払える金額は大きくなります。金額によっては、そもそも中堅・大手企業以上でないと買えないケースもあるでしょう。

　たとえばクラウド会計ソフトを提供しているfreeeは、2019年8月にIPO（株式新規公開）の準備をサポートする「IPO事業部」を新設するなど、従来のメイン顧客層だったスモールビジネス以外にも対象顧客を広げています。こうした取り組みは、同社が平均購買単価を上げることで、中長期的にLTVを向上させたいのではないかと理解できます。

　ただし、中堅・大手企業への営業はリードタイムが長くなりやすく、スタートアップやベンチャー企業にはキャッシュフロー的になかなか難しい状況もあるのが現実です。また与信が足りず、取引口座を開けない場合もあるでしょう。

　セオリーとしては、まずは中小企業向けにサービスを提供し、キャッシュフローや会社としての信用を安定させたのちに、中堅・大手企業を対象顧客に加えていくのがよいでしょう。

3. 成果と比較して値づけする

　料金設定をする際には、主に次の3つの方法があります。

●原価に対して一定の利益を乗せて、料金を設定する
●競合との比較の中で料金を設定する
●原価や競合とは関係なく、顧客に提供できる価値・成果から逆算して設定する

　一般的には最初の2つの方法しか認識されていないので、3つ目に挙げ

た価値や成果から逆算して値づけする方法を取ると、平均購買単価が上がりLTVを大幅に改善できる場合があります。

たとえばコスト削減のコンサルティングファーム、プロレド・パートナーズ社は、コンサルティングフィーをコスト削減の成果に応じて請求するビジネスモデルを採用しており（3年分の成果の3分の1が対価）、2019年10月期の営業利益率が45.9％にも達しています。コンサルティングは一般的に利益率が高いビジネスとはいえ、この利益率は驚異的です。

4．アップセルやクロスセルを行う

既存のクライアントに対して、より高額なプランやメニューを販売することをアップセル、他製品を販売することをクロスセルと言います。こうしたアップセルやクロスセルを積極的に行うことでも、平均購買単価を引き上げ、LTVを向上させることが可能です。

アップセルの事例としては、自社サービスの導入時の初期設定代行や、運用後のコンサルティングサービスの提供がわかりやすいでしょう。

たとえば前出のSansan社も、自社商品の導入や運用支援を行うサービスを、月額20万円〜150万円程度で既存顧客向けに提供しています。

5．松竹梅の料金プランにする

心理学に「極端性の回避」という法則があります。これは「3段階の選択肢がある場合、多くの人は真ん中のものを選ぶ」というもので、別名「松竹梅の法則」とも呼ばれています。

そして、実際に松竹梅の3つのプランをつくって結果を計測すると、多くの場合に「松2：竹5：梅3」の比率で売れると言われています。

この法則に従えば、自社が一番売りたいプランに上位と下位のプランを追加で設定すれば、理論上は全体の7割が、自社が選んでもらいたいプラン以上の金額で売れることになります。

ちょっとした工夫ですが、意識して探してみると実に多くのビジネスが、ベーシック、スタンダード、プレミアムの3段階の商品構成を用意していることがわかると思います。

平均購買頻度に着目してLTVを上げる

続いて、3つの要素のうち「平均購買頻度」を上げるための、2つの方法を提案しましょう。

1. アップセルやクロスセルを行う

ここでも、クロスセルやアップセルは有効です。

クロスセルの事例としてマーケターがイメージしやすいのは、繰り返しとなりますが前述したセールスフォース社の事例でしょう。同社は、自社のSFAツールであるSales Cloudの既存顧客に対し、同じく自社のMAツールであるPardotを売り込んで販売しています。逆も同じです。

すでに述べたように、こうしたクロスセルにはCACを低く抑えられるメリットがありますが、加えて、1顧客あたりの平均購買頻度を上げるというメリットもあるのです。

なお、クロスセルやアップセルを行うためには、顧客ニーズに応えられる複数の商材を保有することも重要になります。

こちらも再度の登場となる研修会社インソースでは、さまざまな顧客ニーズに応えられる多数の研修メニューを開発しており、クロスセルやアップセルができるメニューを取り揃えています。

2. CRM（Customer Relationship Management：顧客管理）に力を入れる

平均購買頻度を上げるには、こまめな顧客への働きかけも有効です。

たとえばマーケティング関連の研修や講座のサービスを提供している宣

伝会議では、郵送DMを顧客企業の職種や役職ごとに頻繁に配送することで、研修・講座への参加回数の増加を促しています。

　また某メディア企業では、単発依頼になりがちな広告出稿の頻度を上げるために、クライアント企業とSlackの共有チャンネルを作成。気軽にコミュニケーションを取れる状態を整備して、広告出稿の依頼頻度を上げることに成功しています。

継続購買期間に着目してLTVを上げる

　LTVを引き上げるための最後の選択肢、「継続購買期間を延ばす」方法についても、6つ紹介しておきましょう。

1. オンボーディングに力を入れる

　サービスを顧客に使い続けてもらうためには、そもそもサービスの価値を体験してもらう必要があります。

　たとえば私の会社で支援を行っているあるSaaS企業さまでは、無料トライアルの開始後に、すぐにカスタマーサポート部隊が電話・メールで設定サポートを行ったことで、有料転換率が大きく上がりました。

　サービスの継続率を高めるには、サービス体験のゼロから1のフェーズ、いわゆる「オンボーディング」のフェーズが決定的に重要で、ここで顧客の利用開始をしっかり支援する必要があります。

2. 長い契約期間を用意する

　求人情報サービスのWantedlyでは、6ヵ月、12ヵ月、24ヵ月の料金プランを用意し、契約期間が長いほど月額料金が割り引かれるようになっています。

　こうした取り組みは、顧客にとっては年間で見たときのトータル費用が

安くなるメリットがあり、企業にとっても、月額の単価が下がったとしても継続購買期間が延び、LTVが高まるメリットがあります。

3. 中堅・大手企業を対象にする

　平均購買価格だけでなく、継続購買期間の観点からも、中堅・大手企業を対象顧客にするメリットは大きなものがあります。

　米国のベンチャーキャピタリスト、トマス・トゥング（Tomasz Tunguz）氏によると、SMBの月次解約率は3〜7％に達するのに対し、中堅・大手企業の月次解約率は0.5〜1％程度であり、中堅・大手企業との取引は入り込むのが大変なものの、一度取引が始まれば長続きする傾向があるとのことです。

　こうした点からも、中堅・大手企業へ対象顧客を広げていく努力は、地道に続けていく必要があるわけです。

4. 顧客の分析をして解約率の低いセグメントに集中する

　過去に受注したことのある顧客をいくつかのセグメントに分け、サービス利用の継続や解約について分析すると、一定の傾向を見つけられることがあります。

●セグメントA： 解約率1％
●セグメントB： 解約率5％
●セグメントC： 解約率10％

　たとえば上記のような傾向が現れたなら、今後はセグメントBやCではなく、セグメントAに絞ってマーケティング活動を展開したほうがよいでしょう。もしくはサービスの機能拡充がすむまでは、セグメントBやCの優先順位を下げる判断が必要です。

解約率の低いセグメントにマーケティング活動を集中することで、全体の解約率が下がり、継続購買期間が延びLTVの向上につながります。

5. 顧客の業務に深く入り込む

継続購買期間を延ばすためには、顧客にとって「なくてはならない存在」になることも重要です。

たとえば大規模サイトの運営代行やデジタル人材の派遣を行うメンバーズでは、大手企業向けにデジタルマーケティングの専任チームを組み、大規模Webサイトを運用するサービスを提供しています。

こうしたサービスの顧客企業は、「Webサイトの運営を一括して相談・依頼できる」というメリットを感じられます。しかし同時に、いったん依頼した取引先を他社へ変更することは、ハードルが非常に高く、基本的にはWebサイトの運営終了まで長く契約を続けることになります。

顧客の業務に深く入り込めるため、他社への乗り換えが起きにくいビジネスモデルなのです。自社でもこうしたビジネスモデルを構築できないか考えて、継続購買期間を延ばしていきましょう。

6. データを蓄積する

顧客のデータを蓄積していくことも、継続購買期間が延びる要因になることがあります。

経理・会計関連のクラウドサービスであるMFクラウドや、freeeなどの基幹システム系のサービスが代表例です。

これらのサービスでは、サービス内に顧客のデータが蓄積されていく仕組みになっているため、顧客企業にとっては利用期間が長くなればなるほど、利用価値が高まると同時に乗り換えるコストが上がります。結果、解約率が低くなって、継続購買期間も延びるのです。

もうひとつ例を挙げると、Google Analyticsなどのアクセス解析ツール

もこれに該当するでしょう。ほかの解析ツールに移行するとそれまでに蓄積したデータが使えなくなるので、移行や切り替えの判断は非常に難しく、一度使うとなかなか離れられなくなる類のサービスです。

売れる仕組みづくりもマーケターの仕事

ここまで、さまざまな事例を紹介しつつ、以下の点についてお伝えしてきました。

- BtoB事業においては、営業が介在するためCACが一定以下には下がりにくい。必然的にLTVを高める努力こそが必要になる
- 高いLTVを実現できると、マーケティング戦略上、実施できる施策が増える
- 「LTV＝平均購買単価×平均購買頻度 or 継続購買期間」なので、これら3つの要素のうちのどれかを上げることに着目するとよい

もちろんWebサイトのCV率（コンバージョンレート）を上げる、広告のCPAを下げるといった努力も必要ですが、**良質なマーケティング戦略を可能にし、ビジネスの成長により大きなインパクトを与えるのは、1顧客あたりの取引価値を高めることです。**

BtoBマーケターはこの点にもっと目を向けたほうがよいと、私は常々思っています。

マーケティングの基本は4P（Product、Price、Place、Promotion）とよく言われますが、従来、マーケターの視点にはプロダクトやプライスはほとんど入っていませんでした。

これからのマーケターには、**プロダクトやプライスまで視野に入れた、強い売れる仕組みづくり**が求められています。

第4章

よい商談を生むために
よい階段を設計する

CVポイントの設計がマーケティングの成果を決める

　第2章で、BtoBマーケティングにおいては購入チャネルに「営業」が関与するため、いかに営業に「よい商談」として引きわたすかが重要になる、という話をしました。そのために必要になるのが、「階段設計」の考え方です。

　BtoBマーケティングを成功に導くうえでは、CV（コンバージョン）ポイントの設計が一番インパクトが大きい。 こう言い切ったら、驚かれる方も多いでしょう。

　もちろん広告の改善や、WebサイトのABテスト、インサイドセールスのスクリプト（台本）を改善することなども売上向上に貢献します。しかし、売上・利益といった経営指数に一番インパクトがあるのは、営業・マーケティング上の階段設計を見直し、見込み客とのコミュニケーションプロセスを変えることなのです。

　お客さまに知ってもらってから、受注に至るまでの階段をつくる作業こそが、BtoBマーケターの仕事と言っても過言ではありません。

船井総研の優れたビジネスモデル

　まずは、階段設計の教科書的な例を紹介しましょう。東証一部に上場し、売上257億円、営業利益57億円（2019年度）を誇る船井総研ホール

ディングスです。

　同社は総合的な経営コンサルティングサービスを提供していますが、その特徴的なビジネスモデルを、彼ら自身が発表している2017年度の決算資料を参考に図示してみます。

船井総合研究所の顧客接点の仕組み

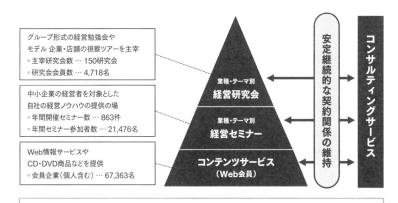

グループ形式の経営勉強会や
モデル企業・店舗の視察ツアーを主宰
・主宰研究会数 … 150研究会
・研究会会員数 … 4,718名

中小企業の経営者を対象とした
自社の経営ノウハウの提供の場
・年間開催セミナー数 … 863件
・年間セミナー参加者数 … 21,476名

Web情報サービスや
CD・DVD商品などを提供
・会員企業(個人含む) … 67,363名

業種・テーマ別
経営研究会

業種・テーマ別
経営セミナー

コンテンツサービス
(Web会員)

安定継続的な契約関係の維持

コンサルティングサービス

数多くのセミナーの開催や業種・テーマ別の経営研究会の主宰、各種コンテンツサービスによる情報提供の仕組みを構築し、顧客との接点を密にとっている

船井総合研究所が公表しているビジネスモデル資料を参考に筆者作図

　この図をよく見ると、図の一番右側にあり、本業でもある「コンサルティングサービス」が売上の9割前後を占めているものの、図の左側に示されたCD・DVDなどの「コンテンツサービス」の販売、1回1〜3万円程度で参加できる「経営セミナー」の開催、業種・テーマ別に開かれ会費や入会金が年間数十万円程度に設定されている「経営研究会」なども、同社のビジネスの一部を構成していることがわかるでしょう。

　さらに船井総研のWebサイトを詳しく見ていくと、「経営なんでも相談」「メルマガ登録」「セミナー」「業界レポート」「CD/DVD購入」「研究会体験」「資料請求」など、実に多様・多数のCVポイントを設置しているのが

見て取れます（下図参照）。

船井総研Webサイトのヘッダー部分のイメージ図

船井総合研究所 Web サイトを参考に編集部作図

　同社の見込み客にとっても、いきなり高額な「コンサルティングサービス」を発注するのはハードルが高いでしょう。そこで無料のメルマガ登録や、比較的低額な業界レポート、CD・DVDなどのコンテンツをまずは買ってもらい、顧客と継続的な関係を維持したうえで主軸となるコンサルティングサービスを販売する、という段階的な経路が用意されているのです。

　同社のCVポイントを階段図で表現すると、下図のようになります。

　最初のメルマガ登録から、最後の月次・PJ(プロジェクト)型コンサルティ

船井総研の階段設計

ングまで、綺麗なステップになってつながっていることがわかります。

　階段の最終段階では、すでに見込み客と関係性ができている状態なので、見込み客は不安感の少ない状態で、月次・PJ型コンサルティングサービスを依頼しているはずです。

　また、経営的には月次・PJ型コンサルティングサービスを購入しない／できない顧客層に対しても、有料セミナーや経営研究会でキャッシュポイントをつくれているため、経営・マーケティングの効率が上がっている点も注目に値します。

CVポイントの階段をなめらかにすると リード数、商談数が増える

　BtoB企業の経営者やマーケターの悩みのほとんどは、「リード数が足りない」「商談数が足りない」に集約されますが、これらの課題を抱える企業は、マーケティングの階段設計の途中に飛躍があることが多いです。

　言い換えると、「階段の段差が大きすぎる部分がある」ということです。

段差に飛躍があると登れない

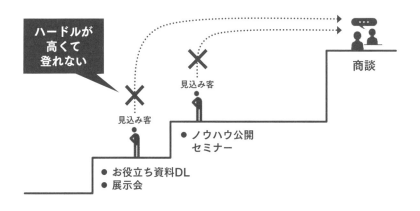

たとえば展示会での名刺交換からいきなり、商談設定につなげようとしていたり、ノウハウ公開系のオンラインセミナーから、確度の高い商談獲得を期待したりしてしまう、といったことです（前ページ図参照）。

　本当にリード数や商談数を増やしたいなら、見込み客が不安感なく、楽に階段を登れるように、合間にサービスの操作説明会や具体的な事例共有セミナーなどを設定して、**より細かいステップを設けること**が必要なのです（下図参照）。

階段をなめらかに設計する

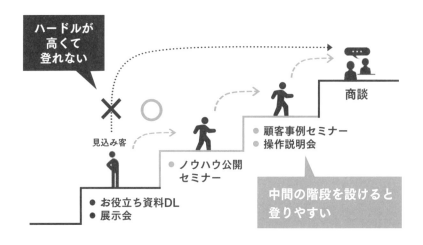

　こうしたなめらかな階段設計をイメージし、実際にCVポイントを見直すことでリード数が増えた事例を2つ紹介しましょう。

SaaS企業のWebサイトに「資料請求」を追加しただけで CV率が2倍に

　1つ目は、昨今急増しているSaaSプロダクトを扱う会社でのCVポイン

ト設計の事例です。

　SaaSやサブスクリプション型サービスの代表例である、DropBoxやEvernoteなどの影響か、BtoB市場におけるSaaS企業のWebサイトでも、**CVポイントとして「無料トライアル」だけを設置しているケースが意外に多く存在します。**

　実はこれは、非常にもったいないことです。

　顧客がごく少人数の会社で、ベンダーが扱う商材が経営者が直接使うようなサービスである、という条件にもし合致するなら、見込み先の社長が自身の決裁権ですぐに「トライアルしてみよう」となることもあるでしょう。

　しかし、ほとんどのケースではこうした条件には合致しません。当然ながら社内での説明や調整、稟議などのプロセスが存在します。

　そのため、企業側が想定しているように、いきなり「無料トライアルで使ってみよう」とはまずなりません。一度資料を請求して、自社で使えるかどうかを把握し、さらにそこから社内調整などをするプロセスが必要なケースがほとんどだからです。

　そのため、こうしたビジネスでのCVポイントの階段設計は、「無料トライアル」→「商談」→「本導入」ではなく、「**資料請求／お問い合わせ／導入相談**」→「**商談**」→「**無料トライアル**」→「**本導入**」というより細かい階段設計が望ましいのです。

　私の会社でマーケティングをお手伝いしているあるBtoBのSaaS企業さまでも、WebサイトでのCVポイントが「無料トライアル」しかなかったため、「資料請求」のCVポイントを追加したところ、すぐにCV率が2倍になった、という事例があります。

　SaaS企業でなくても、自社のWebサイトのCVポイントが見込み客にとって高すぎるハードルを提示していないか、また複数の階段を提示する

ことができているか、一度チェックしてみると役立つでしょう。

BtoB SaaS企業の階段設計改善法

オウンドメディアのCVポイントを変えて、CV率が4倍に

具体例の2つ目は、年々取り組む企業が増えているオウンドメディアの
CVポイント設計に関するものです。

さまざまなクライアントさまからのBtoBマーケティングに関する相談に
乗る中で、オウンドメディアのPV（ページビュー）は伸びているが、それに
比例した形でCVが増えない、あるいは商談につながらない、という悩み
をよく聞きます。

実際にそれらのオウンドメディアをチェックしてみると、ノウハウやお
役立ち情報の記事を読んでいる見込み客に対して、たとえばブログ記事の
下部で「詳しくはお問い合わせください」「サービスに関する資料はこち
ら」などと誘導してしまっているケースが多く見受けられます。

ちょっと考えてみてほしいのですが、みなさんが一読者の立場でも、ブログの記事を読んでいきなり「この会社に問い合わせをしよう！」とはならないのではないでしょうか？

しかし、そういうCVポイント設計になってしまっているオウンドメディアは意外なほど多いです。企業側の「お問い合わせ数を伸ばしたい」「商談がほしい」という欲望が素直に反映されすぎている、と言えます。

オウンドメディアを閲覧している読者にとって、ハードルが高すぎるCVポイントの設計になっているのですから、間にもう1つか2つ、階段を設定してあげれば数字は改善します。

この場合であれば、見込み客はお役立ち情報でそのオウンドメディアに誘引されてきたのですから、「さらなるお役立ち情報をまとめた資料の請求」や「より詳しい説明を聞けるウェビナー（Webinar：ウェブセミナー）への参加」などを次のCVポイントとすれば、より不安感なく階段を登ってくれます（下図参照）。

オウンドメディアでの階段設計の改善例

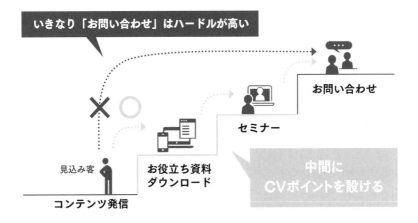

実際に、私の会社で運営しているオウンドメディア「SAIRU NOTE」で、記事下のCVポイントを「お問い合わせ」と「ホワイトペーパー ダウンロード」の2パターンに分けてABテストしたところ、CV率は「ホワイトペーパー ダウンロード」のほうが4倍も高いという結果が出ました。

これほどまでに、適切な階段を提示できたときのインパクトは大きいのです（下図参照）。

オウンドメディアの記事下のCVポイント

CVポイントは多いほどよいわけではない

ただし、CVポイントはとにかく細かく設置すればよい、というものではありません。

たとえば高単価商材の代表格、経営コンサルティングサービスを販売するマッキンゼーは、Webサイト上に「資料請求」も「無料経営相談」も「電話番号」もあえてボタンを置かず、たったひとつ「お問い合わせ」ボタンだけを用意しています。

マッキンゼー Webサイトのヘッダー部分のイメージ図

同じ経営コンサルティング系のサービスを提供する船井総研が、「経営なんでも相談」「メルマガ登録」「CD/DVD購入」「研究会体験」「資料請求」など多数のCVポイントを設置していたのとは対照的です。

この違いは、両社がそれぞれ「どんな顧客と主に取引したいと考えているか」の違いから現れたものでしょう。

推測ですが、船井総研が中小企業から中堅・大手企業まで幅広く顧客にしたいと考えているのに対し、マッキンゼーは自社の顧客は一部の大手企業や公的／半公的な機関だけでよい、と考えているのでしょう。

そのため、マッキンゼーはハードルの低いCVポイントを設置し、広くリードを獲得したり、ひたすら商談を重ねたりする必要がそもそもないのです。それよりも、書籍の出版やハーバードビジネスレビュー誌といった業界誌への論文寄稿、それらに関連する有料セミナーなどを通じて、大企業の経営層などにトップアプローチを行い、コンサルティングにつなげているのだと思われます。また、すでに数十年以上の歴史がある会社なので、大手企業の経営層にひととおりのパイプがあり、新規リードを獲得する必要性が低いとも予想されます。

このように「CVポイントの数は常に多いほうがよい」というわけではありません。自社がどのような顧客と取引したいか、顧客はどのようなコミュニケーションを望んでいるか、という結果のイメージから逆算して、マー

ケティング施策の階段を設計していくことが重要です。

新メニューや新商品開発にも使える
階段設計の考え方

　よりなめらかな階段を設計し、リード数、商談数を伸ばしたあとに直面するのが、「リードや商談数は増えているが受注が増えない」という課題です。

　実はこの課題に対しても、階段設計の考え方を応用できます。

　たとえば過去に1,000件の商談をしているものの、受注数は100件で、900件が受注に至っていない、という場合を考えてみましょう。

　このとき、一般的にはメールマガジンやインサイドセールスの架電で「休眠顧客の掘り起こし」をする、という発想になりがちです。

　しかし実際には、階段設計の見直しをして、休眠顧客が登りたくなる新しいステップ、つまりは新メニューや新サービスの開発をしたほうが、受注数を引き上げる効果が大きくなることがほとんどです。

　なぜなら休眠顧客は、「なんらかの理由であなたの会社と取引をしないことを選んだ会社」と言えるため、売りものを一切変えないまま、商談や受注の段階にまで引き上げるのは至難の業だからです。

　本書籍では、売り方の階段設計に関してBtoB商材でよく使われるパターンを以下に5つほど紹介しますので、ぜひ参考にしてください。

1.　無料トライアル期間を設ける

　もっともオーソドックスなのが、ソフトウェア企業がよく使っている手法で、特定の期間、自社商品のすべて、または一部の機能を無料で使ってもらう、というやり方です。

いきなり有料プランを販売するのではなくて、まずはハードルの低い「無料」で自社サービスを使ってもらい、利用イメージを持ってもらうことで本番導入につなげていく手法です。

　一例を挙げれば、サイボウズ社が提供しているWebベースの業務アプリ構築サービスkintoneでは、30日間の無料トライアルを提供しています（本書執筆時点）。

2. 初日から有料だが「14日間返金保証」などをオファーする

　無料トライアルに近い形ですが、購入ハードルを下げるために、満足できなかった場合の返金保証などを顧客にオファー（提示）するのも有効な手法です。

　サービスを使ってもらった場合の提供価値には自信があるけれど、事前にその利用イメージやサービス体験が伝わりにくい商材の場合に、とくによく使われます。BtoCサービスですが、RIZAPが「30日間はいかなる理由でも、ご納得いただけないときは、コース代金を全額返金いたします」と謳っているのは有名でしょう。

　売っているのがコンサルティングや受託開発などの人的サービスの場合には、「無料トライアル」は原価がかさんでしまい、リスクが大きいのでなかなか実施できません。しかしソフトウェアサービスの場合は原価をほぼ無視できるため、返金保証をつければ、とりあえず初日から課金できます。

　これも実際のBtoB企業での例を挙げると、マーケットプレイス・ECサイト構築サービスのcs.cartが、14日間返金保証制度を提供しています（本書執筆時点）。

3. 一部機能・リソースを切り出し廉価版や新商品を販売する

　既存商品のすべての機能を提供するのではなく、一部の機能のみを切り出した廉価版を設定して販売したり、既存のリソースを活かして新商品を販売したりするパターンです。

　たとえば、本章の冒頭で紹介した船井総研のCDやDVDの販売も、本業の経営コンサルティングサービスを提供する中で獲得したノウハウを部分的に切り出し、CD・DVD教材として販売している点では、コンサルティングサービスの廉価版や新商品の提供だと言えるでしょう。

　このほかにも、一種のマーケティングツールであるHubspotが、毎月96,000円のプロフェッショナルプランのほかに、月6,000円のスタータープランを提供している例や、電通が自社が保有するさまざまなリソースの中から、「伝える」ことに特化してコピーライター、アートディレクターなどのチームを切り出し、TANTEKIというサービスとして販売している事例などが挙げられます。

4. 一部作業を代行する

　顧客側の人的リソースの不足が原因でサービス導入に踏み切れず、導入が先に延びてしまったり、導入しても定着せず解約につながったりすることがあります。

　そうした失注を防ぐための方策を用意しておくことで、顧客の意思決定のハードルを下げられることもあります。サービス導入・定着に伴う一部の作業を、サービス提供者や第三者が請け負うパターンです。

　たとえば、何度も例に出しているセールスフォース社のMAツールPardotでは、ツールの導入・活用支援を外部のパートナー企業に委託することで、顧客のリソース不足による失注を事前に防いでいます。

5. 課金方法を変える

　BtoBの商談現場では、金額がネックになる場合が多いものです。

　そこで、トータルの費用は変わらないものの、課金方法を変えることで買ってもらいやすくする、という手法が存在します。

　BtoCの商材であれば携帯電話の分割払いがイメージしやすいでしょう。BtoBの商材でも同じようにして、たとえば通常なら数百万円の初期費用がかかるWebサイト制作を、月5万円×5年間などに分割して支払うリース契約が少し前に流行しました。

　このほか、これまでは初期費用が膨大にかかっていたオフィス家具の購入を、月額レンタル制で提供するsubsclifeなどのサービスも、このパターンの事例として挙げられると思います。

　こうした手法を適用し、**見込み客がより登りやすい階段を用意してあげることが、受注数の引き上げにも有効となる**のです（下図参照）。

売り方の階段設計

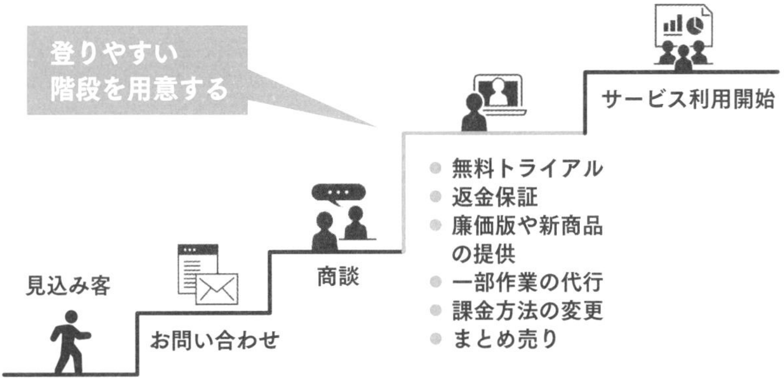

登りやすい
階段を用意する

見込み客

お問い合わせ

商談

- 無料トライアル
- 返金保証
- 廉価版や新商品の提供
- 一部作業の代行
- 課金方法の変更
- まとめ売り

サービス利用開始

認知獲得からサービス導入まで
どこにネックがあるかを把握する

　以上、リード獲得、商談獲得、受注獲得を伸ばすための階段設計の例を見てきました。

　マーケターはCPAやCV率の最適化などの「部分最適」にこだわらず、自社のビジネスプロセスやマーケティングプロセスの全体像を把握し、常に「全体最適」を行っていく必要があります。

　顧客の視点に立って、自社の商品は購入しやすい状態になっているかをチェックするための思考ツールとして、この「階段設計」の考え方をぜひ取り入れてみてください。

　きっと想像以上に、効果を発揮するはずです。

第 5 章

BtoBマーケティング
プロジェクトの進め方

3年でリード数30倍、業界2位になった方法

　マーケティング活動を進めるうえで、戦略・施策の立案は欠かせません。しかし、とりわけBtoBマーケティングに関しては、そのやり方を具体的に学べる機会は多くありません。

　本章では、私が過去に支援した中で成果が出たプロジェクトのひとつを例に、BtoBマーケティングの戦略・施策立案の具体的なステップを解説していきます。

■

　ある日、私が書いたブログ記事を見たという経営者の方から問い合わせをもらいました。その方は某システム開発企業（M社とする）を営んでおり、相談の内容は「創業以降、数年で業界4位にまで上り詰めたが、これからは業界1位、2位のポジションを狙っていきたい。そのために、顧客獲得を加速させる手伝いをしてほしい」というものでした。その日から、M社へのBtoBマーケティングの支援プロジェクトが始まりました。

　それまでM社は、主にテレアポを中心としたアウトバウンド施策、つまりこちらから顧客を取りにいく方法で商談獲得をしていましたが、購入できるテレアポリストの数には限りがあり、リストも枯れ始めていました。

　次なる飛躍の一手として、顧客誘引型のインバウンド施策を中心としたマーケティングに切り替え、事業成長を加速することがプロジェクトの目

的でした。

その後、M社を3年間お手伝いすることになったのですが、さまざまな取り組みの結果、**同社のリード数は約30倍（月数十件から月1,000件弱）に増加**。残念ながら業界1位には届かなかったものの、**業界2位に到達することができました。**

M社が高い成果を上げることができた要因はどこにあるのか。M社と取り組んだプロジェクトの一連の流れを追いながら、マーケティング戦略立案に関するチェックポイントを挙げていきます。

STEP 1　経営課題・戦略に沿ってマーケティング活動の目的・目標を設定する

BtoBマーケティングにおける戦略立案の最初のステップは、**経営課題や経営戦略から逆算して、マーケティング活動の目的・目標を定めること**です。

M社の場合はアウトバウンド施策に力を入れることにより、すでに業界4位につけていました。ただ、テレアポで商談が獲得できる層には限りがあり、それまでのやり方だけでは業界1位になれそうもありませんでした。

そのため、「業界トップを狙うために新しい顧客獲得チャネルを開拓する」ことが、経営上の重要なテーマになっていました。

そこで早速、「新しい顧客獲得チャネルを開拓し、業界1位、2位になること」を目標に、マーケティングプロジェクトをスタートさせました。

直面する経営課題解決のために発生したプロジェクトだったため、経営陣と現場の両方から強いコミットメントを得られました。

STEP 2　顧客への解像度が高いメンバーをチームに入れる

　経営課題に基づいてマーケティング活動の目的・目標を定めたあとは、現状の分析や課題の洗い出しを行い、具体的な戦略・施策を立てていくことになります。

　この過程では、意思決定者はもちろん、「顧客への解像度が高い」メンバーにチームに加わってもらうことが欠かせません。顧客への解像度が高い人がプロジェクト内にいるかどうかで、出てくる仮説や戦略・施策の精度が大きく変わるからです。

解像度の差が成否を分ける

顧客への解像度が低い　　　　顧客への解像度が高い

出せる企画やアイデアの
質は低い

出せる企画やアイデアの
質は高い

なお、ここで言う「顧客への解像度」とは、顧客に対する理解の精緻さのことです。

- ●顧客が何を考えているのか
- ●どんなことが関心ごとなのか
- ●日頃、どんな形で情報収集を行っているのか

上記のような事柄を正確に理解できている人を、「顧客への解像度が高い」と言っています。

BtoB企業の場合、商談で顧客と接している営業パーソン、電話やメールで顧客とやり取りし、ニーズを把握しているインサイドセールスの担当者などが、顧客への解像度が高い場合が多いです。

M社の場合は、経営者が直接に営業現場に出ていて、顧客を深く理解していたほか、営業担当の執行役員もたびたびプロジェクトの定例会議に参加してくれていました。

さらにM社とのプロジェクトでは、新しいWebサイトや営業資料、広告クリエイティブ（広告の制作物）を議論する際に、必ず営業メンバーに同席してもらっていました。

これら顧客への解像度が高い人々の参加によって、私を含めたマーケティングチームの顧客への解像度が高まったのは、言うまでもありません。

> ▶ポイント：　顧客への解像度が高いメンバー にも参加してもらう

代表的な顧客をリストアップし、購買プロセスを把握する

　適切なプロジェクトチームを編成したあとは、いよいよ具体的な戦略・施策の立案です。マーケティング戦略の基本は「誰に、何を、どのように伝えるか」ですが、私はこのうちの「誰に」の部分をもっとも重視しています。

　M社のプロジェクトでは、過去の受注実績が相当数あったので、「誰に」を定める際には複数名の営業メンバーに集まってもらい、代表的な顧客を10社ほどリストアップしてもらいました。**実際に商品を買ってくれている顧客をベースに議論することで、手触り感を持ってターゲット顧客を理解できる**からです。そして、顧客の属性や抱える課題、実現したいこと、どのようにM社の商品を見つけ、なぜ導入したのかといった購買プロセスを把握していきました。

　このようにしてターゲット顧客への理解を深めた結果、コミュニケーションシナリオにおいて注意すべき箇所を、次のように整理することができました。

- ●顧客は業界老舗のS社の既存システムを導入している場合が多い
- ●S社のシステムには5年間の契約の縛りがある
- ●M社にとっては5年後の乗り換えタイミングを逃さないことが重要
- ●5年後も代替手段を検討せず、そのままS社のシステムを使い続けてしまう顧客に対して、課題を喚起する必要がある
- ●M社の商談受注率は30％以上と高く、営業力と商品の競合優位性はある

▶ポイント：　自社が顧客に選ばれている理由を把握する

STEP 4　自他の現状とボトルネックを把握し、勝ち筋を見つける

ターゲット顧客の購買プロセスが把握できると、自社のマーケティング活動の中で「できていること」「できていないこと」も明確になります。

M社の場合は、解決策を検討している顕在層の見込み客のうち、テレアポや紹介により運よく出会えた見込み客にしかアプローチできていない、ということがわかりました。

現実には、ターゲット顧客は商品を検討する際に主に検索エンジンを使って商品を探していました。それまでSEOや検索広告に取り組んでこなかったM社は、毎月数十件単位の商談機会を失っていたのです。

さらに、**競合との比較分析**も行いました（下図参照）。

そうすると、業界１位と２位の会社は、SEOや検索広告にも取り組み、

自社と競合のマーケティング活動比較

競合と比べて打ち手が少ない

M社	競合n社	競合o社
	株主からの紹介	クロスセル
	検索広告	
テレアポ	Facebook広告リタゲ	Facebook広告リタゲ
紹介	SEO	SEO
	セミナー	業界紙での取材
	イベント登壇	

潜在層向けは他社も手薄

明確層
特定のサービスを使いたい

顕在層
悩みを解決したがっている

準顕在層
悩みはあるが解決策は不明

潜在層
これから悩みを持つ可能性がある

明確層・潜在層いずれの見込み客に対しても、施策が充実していることがわかりました。

　さらに分析を進めると、上位2社ともに潜在層向けのマーケティング活動は一応しているものの、手薄であることも判明し、ここにマーケティング戦略上の勝機があると判断しました。

　結果として、M社では以下のようなマーケティング活動を進めていくことを決定しました。

●顕在層向け

　→検索広告、ディスプレイ広告の出稿

　→特定のキーワードでのSEOを行う

　→Webサイトの改善でCV率を向上させる

　→導入事例を月に2本作成し、自社サイトで公開する

●準顕在層向け

　→ブログメディアの構築

　→ホワイトペーパーの作成

　→月2回のメール配信を実施

　→セミナーの開催

●潜在層向け

　→年に1回、カンファレンスを開催

　→広報活動として、業界のホットトピックに関するリサーチを実施し、公表する

　一方、テレアポや郵送DM、展示会への出展などは、ターゲット顧客の購買プロセス上、効率が悪いと判断し、今後はやらないことに決めました。

STEP 5　短期施策と中長期施策に並行して取り組む

　WebサイトのCV率や広告クリエイティブの改善、プロモーションチャネルの追加といった短期的な施策にリソースを集中させると、確かに足元の数字は伸びます。しかし半年〜1年が経つと、それらの施策による数値改善は頭打ちになっていきます。

　そこで意識したいのが、短期施策だけでなく、中長期の施策にも並行して取り組むことです。

　M社の場合、潜在層向けのカンファレンスを開催するとともに、いくつかの調査リリースを発表するなどの広報活動にも、プロジェクトスタート直後から取り組みました。これらは必ずしもすぐに結果が出るような施策ではありませんが、1年くらいあとになってから効果を現してきました。

　業界内でM社のブランド認知が広がり、ブランド名検索経由のリード数が増加しただけでなく、広告のCPAが下がり、商談化率や商談受注率が向上したのです。

　短期でPDCA（Plan→Do→Check→Action）を回し、結果を出しに行く施策と、1〜2年の時間軸で取り組んでいく中長期の施策の両方に並行して取り組むと、切れ目なく改善効果を発現させられます。そのため、プロジェクトの途中で息切れすることなく競合他社に追いつき、追い越すこと

ができます。

　一方で注意したいのは、最初から中長期で効いてくる施策にのみリソースを投下してしまうことです。

　結果が出るのが１年後、２年後になる中長期施策を中心にしてしまうと、プロジェクトに弾みがつかず、途中でマーケティング投資が打ち切られてしまう危険性があります。

　プロジェクトの初期段階では、短期間で成果がはっきり出る施策に必ず取り組むようにするのがおすすめです。成果がはっきり出る施策に取り組むことで、データが蓄積し、その後の施策の精度も高まります。

> ▶ポイント：　短期と中長期のほどよいバランスを取る。マーケティングプロジェクトの立ち上げ初期であれば、情報を得るために打ち手を多めにする

⬤ STEP 6　定例会議で進捗を確認し、追加施策を検討する

　マーケティング戦略を立案し、短期・中長期両方の施策を決めたあとは、いよいよ施策を実行していきます。

　このフェーズでは、**KGI**（Key Goal Indicator：重要目標達成指標）や**KPIを設定して因数分解したレポートを作成し、それをもとにして月次や隔週でマーケティング定例会議を開催することが何よりも重要**になります。

　M社の場合にも、同社がリード数30倍を達成できた要因をあとから振り返ってみると、毎月２回のマーケティング定例会議を必ず行い、数値

の把握と改善施策出しを3年間やり続けたことがもっとも大きかったと感じています。

　サイトの訪問数、CV数、商談数、受注数などの推移を追いながら、それぞれが目標に達しているか、どこがネックになっているのかを隔週で議論していたのです。数字が横ばいになっていれば追加の施策を検討し、常に右肩上がりで数字が推移するよう気をつけていました。

　幸い、この定例会議には予算決定権限のある経営者が自ら参加し、こちらからの提案に対して、その場で実行するか、しないかの判断も行われていました。さらには比較的大きな予算がかかる施策でも、M社の経営会議を経て2週間以内には結論が出ていました。

> ▶ポイント：　隔週〜月次の頻度で定例会議を行い、KGIやKPIの推移をリアルタイムで把握／必要な追加施策を素早く行う

実行力の高いチームをつくることが肝

　このほか、M社のプロジェクトでは実行リソースに関しても、**専任のメンバーを複数アサイン**（任命）**してもらえたのが、成功の大きな要因となった**と思われます。

　次々と事業を成功させている、ある上場企業経営者が「新規事業は兼務では難しい。集中しないとうまくいかない」と言っているのを聞いたことがあります。

　マーケティングのゴールを達成する一連のプロセスも、ひとつの事業立ち上げに近い行為です。BtoBマーケティングのプロジェクトも、兼務では立ち行かなくなることが多いのです。

マーケティング担当者が兼務だと、たとえば本来１週間で終わるような打ち手の検討に、１ヵ月以上かかることがあります。また「四六時中、自社のマーケティングについて考えている」状態にはほど遠いので、新しいアイデアも出にくいです。知見の蓄積も遅くなってしまいますから、専任の担当者と比べれば、目標達成までの期間が２〜３倍に延びるというのが、多くの企業でマーケティングプロジェクトをお手伝いしてきた私の実感です。

　そして、現実的には目標達成までの期間が長くなればなるほど、その企業内でマーケティングに対する投資が打ち切られる可能性が高まってしまいます。

　スタートアップ企業の経営や新規事業を兼務で進める人は少ないように、マーケターも兼務ではなく、最低１名は専任で確保することが望ましいでしょう。できれば、実行力の高い人材を採用・抜擢できるとベストです。

　さらには、意思決定者のコミットメントがあり、専任のマーケターを置いていたとしても、社内にBtoBマーケティングの知見がないと、戦略や計画の精度が低くなって時間とお金を無駄にしてしまいます。

　私自身も昔、事業会社にいたときには、見よう見真似でBtoBマーケティングを担当し、時間とお金をずいぶんと無駄にしてしまった苦い経験をしています。

　そんな実体験を経ておすすめしているのは、意思決定者と専任マーケター、外部の専門家パートナーがチームを組んで、プロジェクトを進める方法です。

　幸い、BtoBマーケティングの経験者も少しずつ増えていますし、副業やフリーランスという新しい働き方が広がっていることも影響して、こう

した知見を持った人材にアクセスすることは以前に比べて容易になっています。

　プロジェクトを進めるにあたり、意思決定者と現場マーケターだけでもできないことはありませんが、そこに外部の専門家パートナーが加わると、無駄な遠回りがなくなり、意思決定者と専任マーケターだけなら2年かかる場所まで、半年で到達できたりするのです。

実行力の高いチームをつくる

BtoBマーケターは希少種なので外部の知見を借りる

意思決定者	専任マーケター	外部の専門パートナー
意思決定	実行	知見の共有
予算取り	結果の振り返り	第三者視点での率直なフィードバック
中長期、短期でやることの優先順位づけ	現場感覚のフィードバック	ライザップ的実行支援

　一方、専任マーケターと外部の専門家パートナーだけでも、それぞれの施策について「実施する／しない」の判断がすぐにはできず、スピードが劇的に落ちてしまいます。体感としては、中規模施策ごとに、意思決定者がいない場合に比べて1ヵ月ずつスピードが遅くなっていきます。

もちろん意思決定者と外部の専門家パートナーだけでは、施策が実行されないので、当然、この組み合わせでも成果は出ません。

　ということで、以下の**3者が三位一体になったときにこそ、精度の高いマーケティング活動をスピード感を持って推進**できます。

●意思決定者
●実行力の高い専任マーケター
●外部の専門家パートナー

　みなさんがこれから行うマーケティングプロジェクトでは、ぜひともこの組み合わせで、最強のマーケティングチームをつくり上げてください。

第 6 章

ケーススタディ 1

リード数が足りない

某スタートアップ企業A社からの相談

　ここからは、私の会社でBtoBマーケティングのコンサルティングを実施した事例をもとに、実際によくある課題や状況をピックアップし、ケーススタディの形でさらにBtoBマーケティングへの理解を深めていきたいと思います（守秘義務があるため社名については匿名とし、特定を避けるため細部には多少のアレンジを加えています）。なお、事例はいずれも私の会社が外部の専門家としてアドバイザーに入る形になっていますが、自社だけで行おうとする場合にも、参考になる点があるはずです。

　最初は、あるスタートアップ企業の経営者からの相談です。

CASE 1

　昨年会社を創業し、今年の5月にプロダクトをリリースしました。これからマーケティングを強化していきたいと思っています。

　次の資金調達のラウンドのために、1年以内に200件の商談を実現する必要があり、リード獲得からの商談化率を10%と試算しました。1年に2,000件、月あたり約200件のリード獲得が当面のKPIになっています。

　いまはランディングページが1枚だけあるような状況で、検索広告やFacebook広告を少しずつ試し始めているところです。リード数を増やしていきたいのですが、どこから手をつけてよいのかわからず、悩んでいます。相談に乗っていただけないでしょうか？

A社とのプロジェクトの進め方──────────────

STEP 1 　自社の商品を理解する

　こうした相談を受け、私の会社でBtoBマーケティングをお手伝いすることになりました。今後、BtoBマーケティングを強化していくにあたり、まずはクライアント企業さまの商品について深く理解する必要があります。

　そこでA社の経営者とトップセールスに、1.5時間×2回のインタビュー時間を取ってもらい、以下のような要素それぞれについて、理解・言語化するところからプロジェクトをスタートしました。

●サービスの内容（ひと言で言うと？）
●解決している課題
●顧客への提供価値
●商品の特長
●なぜ、その特長を実現できているのか
●比較されている競合企業、競合となる選択肢
●競合優位性はどこにあるのか
●商品の単価とLTV
●短期、中長期の事業戦略
●商品開発のきっかけ

　のちほどマーケティング戦略・施策を企画する段階においても、上記の要素をそれぞれきちんと言語化しておくと、プロジェクトメンバー内で精度の高い議論ができます。

　とくに解決する課題や顧客への提供価値については、社内の「口頭伝承」になっている場合が多いので、時間をとって理解・言語化しておく価

値が大いにあります。

　インタビューの結果、A社のプロダクトには「解決する（できる）課題」が複数あり、顧客セグメントによって刺さり方がまったく違うことがわかりました。

　顧客を「大手の広告代理店」「中堅広告代理店／制作会社」「スタートアップ企業」の３つのセグメントに分けて、マーケティング活動を展開していく必要がありそうでした。

STEP 2　顧客への理解を深める

　次に、見込み客についても既存顧客についても、A社の**顧客への理解を深める**ステップを踏みます。

　経営層であれば顧客への理解が深い場合が多いものですが、現場のマーケティング部長やマーケティング担当者では、顧客についての理解にバラツキがあるケースはよくあります。

　経営層でも、大手企業の経営層では顧客との接点が薄くなりがちですし、ベンチャーやスタートアップ企業の経営層でも、特徴的な２、３社の顧客への印象で顧客群全体への理解が引っ張られる場合があります。

　そのため、BtoBマーケティングの戦略を立案しようとするマーケターにとっては、**実際に直接、複数の顧客に会うことが重要**となります。顧客に対する解像度を上げるためです。

　前述したように、それによって今後のアイデア出しや意思決定の精度・スピードが大きく変わってきます。

　具体的には、A社の場合にはSTEP 1の「自社の商品を理解する」であたりをつけた「大手の広告代理店」「中堅広告代理店／制作会社」「スター

トアップ企業」という3つのセグメントごとに、以下のような手法で顧客への理解を深めていきました。

- ●既存顧客にインタビュー
- ●既存顧客への導入事例インタビューに同席
- ●導入事例インタビューを読み込む
- ●CRM／SFAツール内の見込み客との商談履歴を読み込む
- ●見込み客との商談に営業同行
- ●見込み客の属性に近い人をビザスクやbosyu（いずれもビジネスパーソンにアクセスできるサイト）で募り、インタビューを行う
- ●既存のWebサイト／ランディングページを使って見込み客にユーザーテストを実施

このように顧客と直接コミュニケーションを取ったり、行動を観察したりしながら、以下のような点に関して把握するよう努めました。

- ●どんな課題を抱えているのか？
- ●それをなぜ、解決したいのか？
- ●解決を検討し始めたきっかけは何か？
- ●導入にあたり、気にしていることは何か？
- ●なぜ他の選択肢ではなく、A社を選んだのか？
- ●どのような社内検討・稟議プロセスを経たのか？
- ●A社のことをどこで見つけたか？
- ●普段、どのように業務上の情報収集をしているか？

結果として、以下のようなことがわかりました。

●「中堅広告代理店／制作会社」「スタートアップ企業」の２つのセグメントは、オンライン系のチャネルでアプローチすれば、高確率で導入してくれそうなこと

●「大手の広告代理店」は、オフライン（とくに業界イベント）のチャネルでアプローチする必要があるが、商談から導入までのリードタイムが１年以上かかりそうなこと

●「大手の広告代理店」に購入してもらうためには、現状のプロダクトでは足りない機能があり、新しい機能開発が必要なこと

　ここから、期限内に成果をあげなければならない直近１年は、課題感の強い「中堅広告代理店／制作会社」と「スタートアップ企業」に絞って、マーケティング活動を展開していくこととなりました。

STEP 3　競合を分析する

　対象の顧客セグメントが決まったので、具体的なマーケティング戦略・施策を立案するために**競合企業の調査**を行いました。

　具体的には、競合企業のWebサイトの「お知らせ」ページから、出展している展示会や開催しているセミナーの内容を調べたり、SEM（Search Engine Marketing：検索エンジンマーケティング）ツールAhrefsを使い、競合の検索広告出稿状況や、上位表示に成功しているキーワードを調査。Facebookの「広告ライブラリ」で、どのようなFacebook広告を出稿しているかなどを調査しました。

　また、直接の競合ではありませんが、類似のサービスを提供する企業のマーケティング担当者を知り合いの伝手で見つけ、ここ数年で効果のあった施策、効果のなかった施策などのヒアリングも行いました。

　A社には先行する競合企業がいくつか存在したため、この競合企業の

自社と競合のマーケティング活動比較

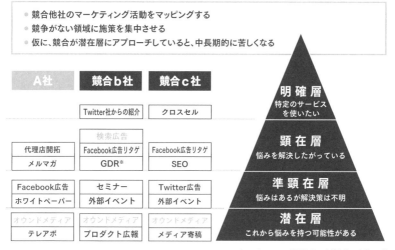

マーケティング活動の調査では、大きな気づきをいくつも得られました。

たとえば、顕在層向けの検索広告は、あまりにも競争が激しいこと。

逆に自然検索結果（検索広告による広告表示を除いた本来の検索結果）は、個人が運営するサイトが10位以内に複数出てくるなど競争が少なく、後発でも戦う余地があることがわかりました。

さらに競合のｂ社、ｃ社は東証一部上場の大手企業であり、費用対効果の説明が難しい潜在層向けの施策を、さほど積極的には行っていないこともわかったのです（上図参照）。

一方でA社には、外部に強力な広報パートナーがいたため、1年間という時間をかけて、マスメディアや業界紙含め、広くメディア露出を狙っていくことを決定しました。

STEP 4 　実 行 体 制 を 整 え る

　意外と忘れられがちながら、**目標達成の可能性を大きく左右するのがプ**
ロジェクトの実行体制づくりです。

　実行にあたり当社からオーダーしたのは、A社内に専任のマーケターを
置くこと。もともと営業業務と兼務していたマーケティングの担当者を、
マーケティング専任にしてもらうよう調整を行いました。

　第5章でも触れたように、マーケティングプロジェクトの立ち上げを、
別の業務と兼任しながら行うのは無理があるからです。

　さらに重要なのは、プロジェクトメンバーに必ず意思決定者が入ること
です。A社では最低、月に1回程度の定例MTG（ミーティング）に意思決
定者が参加するようにしてもらい、その場ですぐに次の打ち手の実施可否
が判断できるサイクルをつくってもらいました。

　さらに、本ケースでは私の会社のスタッフが外部の専門家としてプロ
ジェクトに入ったことで、前述した「実行力あるマーケティングチーム」
を首尾よく形成できたのです。

STEP 5 　コンバージョンに近い部分から
　　　　　改善する

　体制を整えたあとは、施策の実行フェーズに移っていきます。

　このときに注意したいのが、**いきなり認知拡大・集客強化を目的とした**
広告出稿や展示会出展などをしないことです。

　広告で着地するWebサイトやランディングページがわかりづらいと、バ
ケツに穴が空いた状態になり、広告費などの認知・集客費用が無駄になっ

てしまいます。

　まずはWebサイトやランディングページのCV率を上げ、認知拡大や集客のための投資の果実をきちんと拾える状態をつくる必要があります。CV率はランディングページであれば**2％以上**、コーポレートサイトであれば**0.5％以上を目安にする**といいでしょう。

　本プロジェクトでも、まずはユーザーインタビューの情報をもとにランディングページをつくり直し、CV率を2％まで持っていきました。

　こうしたBtoBマーケティングの進め方にはある程度セオリーがあるため（下図参照）、それに沿って進めていくことも大切です。

CV率の改善が最優先。次に認知獲得

認知		サイト訪問		CV		商談		受注		継続利用
	②		①		③		④		⑤	
SEO		Webサイト/LP改善		インサイドセールス		セールス強化		プロダクト改善
検索広告		CTA設計		営業資料改善		オンライン商談		CS（顧客満足）強化
Facebook広告		事例インタビュー		MAツール		SFAツール		アップセル
コンテンツ発信		ホワイトペーパー				価格戦略		クロスセル
展示会出展		セミナー開催				メニュー変更		
メディア露出								
業界紙への広告出稿								
郵送/FAX DM								
テレビCM/タクシー広告								

① バケツの穴がない状態（LPのCV率が1％以上）をつくる
② 認知を拡大する
③ インサイドセールスの効率を上げる
④ セールスの受注率を上げる
⑤ LTV（顧客生涯価値）を上げる

STEP 6　チャネルを増やす

　Webサイトやランディングページなどのバケツの穴を塞いだあとは、い

よいよバケツに入れる水の量を増やしていきます。

　チャネル拡大の原則は、明確層（特定のサービスを使いたい）や顕在層（悩みを解決したがっている）など、見込み度の高い層から拡げていくこと（下図参照）。

明確層・顕在層からアプローチする

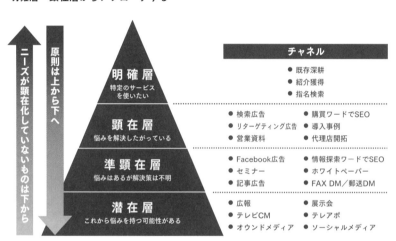

　もしチャネルの拡大を潜在層（これから悩みを持つ可能性がある）や準顕在層（悩みはあるが解決策は不明）から進めてしまうと、顧客の検討度合いが低いため、リードは取れても商談になりにくく、受注があがるのが1年、2年先ということになりかねません。

　この点を踏まえて、A社とのプロジェクトでは、競争のゆるい購買ワードでのSEO、Facebook広告、事例を活用した業界紙への記事広告の出稿、ツール比較サイトへの資料掲載などからスタートしました。

　さらに、マーケティングチームとしての目標値には入れませんでしたが、A社内で別に結成した広報チームでは、メディア露出本数をKPIとして活動してもらいました。

結果、年に３回ほどインパクトのあるメディアで大々的に取り上げてもらうことに成功し、それぞれ100〜150件程度のリード獲得に貢献してくれました。

　こうした施策は、それぞれ最終的には、毎月以下のような件数でリード獲得に直結するようになっていきました。

●購買ワードでのSEO　　　　120件／月
●Facebook広告　　　　　　 80件／月
●業界紙への記事広告　　　　 5件／月
●ツール比較サイト　　　　　 5件／月
●メディア露出　　　　　　　400件／年

　短期の手堅い施策と、アップサイド（企業や事業の成長余地、伸びしろ）の見込める中長期施策を並行させたことで、当初依頼された200件／月のリード獲得を１年以内に達成できたのです。

第 **7** 章

ケーススタディ 2

リード数が 200 件で
頭打ちに

某IT企業B社からの相談

CASE 2

昨年にプロダクトをリリースし、1年間で月200件の有効リードを獲得するまでに成長しました。リード獲得後の受注率・継続率も高く、会社の売上・利益を増やしていける手応えがあります。

ひととおり教科書的なBtoBマーケティングは実践しています。

Webサイトを作成し、検索広告、Facebook広告、展示会への出展、セミナー開催……リード獲得後に定期的なメール配信も行い、インサイドセールスによるリードの見極め、過去リードの掘り起こしも行っています。

しかし最近、月200件以上のリード獲得に苦戦しています。

事業規模を2倍、3倍と伸ばしていくためには、毎月のリードが最低400件以上は必要です。どうすればよいでしょうか？

B社とのプロジェクトの進め方

STEP 1 　頭打ちになる理由を把握

B社は、ひととおりのBtoBマーケティング施策は行い、それなりの成功体験も有していました。しかし、さらなる事業成長には月のリード獲得数400件以上が必要であるにもかかわらず、むしろ現状のリード獲得数200件の維持にすら困難を感じ始めていたため、私の会社にアドバイスを求め

ていらっしゃいました。

　こうしたケースでは、それまでの成功パターンに従って単純に広告費を増額したりしても、リードの獲得効率が悪化しがちです。そもそも、予算が消化し切れない可能性も高いでしょう。

　そのように無理をして獲得した質の低いリードを、インサイドセールス（内勤型営業）やフィールドセールス（外勤型営業）にパスしてしまうと、彼らの生産性を落とすことにもつながります。

　そこで、**まずはリード獲得数が頭打ちになってしまった理由を検証**しました。通常、大きくは以下の2つのパターンが考えられます。

　① 従来売れていたセグメントを取り切ってしまったパターン
　② マーケティング施策に偏りがあるパターン

　①と②の詳細はこのあと解説していきますが、今回のB社では①、②のどちらの理由にもあてはまるところがあり、改善余地もあったため、両方に同時並行で取り組むことになりました。

STEP 2　別のセグメントを攻める

　B社の場合は、中小企業の人事部門にサービスが売れていましたが、それ以外の中堅・大手企業や人事部門以外の部署への導入は苦戦していました。月200件のリードの大半も中小企業の人事部門で、彼らのうち導入意欲の高い層は、すでに取り切ってしまった感がありました。

　そこで、**従来のマーケティング活動のターゲットだった「中小企業の人事部門」以外にも、ターゲットにできるセグメントが存在しないかを調査・分析**しました。

具体的には、売れるセグメントを把握するために以下のような方法で調査をしました。

① 受注企業一覧を分析

　過去にどういった売上規模・業種・部門・役職・課題・ニーズで発注が起きたのかを一覧化しました。そのうえで、「中小企業の人事部門」以外に売れている顧客層がないかを重点的に探しました。

　こうした分析によって、受注数は少ないけれども、解約率が低かったり、購入単価が高かったり、リピート回数が多かったりする、LTV が高いセグメントを見つけられれば、そのセグメントが新たなターゲットの有力候補となります。

　さらに分析から見えてきたいくつかの候補セグメントの既存顧客に対し、以下のような項目についてインタビューを実施して、より詳しく実態を把握しました。

●導入のきっかけ
●サービスに対して満足している点
●サービスに対してもの足りなく感じていること
●サービス導入後も引き続き困っていること

② 失注企業一覧を分析

　同じように、過去に商談したものの受注までは至らなかった失注顧客を一覧化しました。なぜ失注したのか？　足りなかった機能は何か？　どの競合商品や代替手段を選んだのか？　といった要素を把握したのです。

　同時に、当時は機能不足で売れなかったけれど、機能が向上した現在では売れるようになっているセグメントがないかも調査しました。

③ 過去、商談したが動きがない企業一覧を分析

商談にまでは至ったものの、有効商談に至ってないリードに対して、以下のような項目でのインタビューも実施しました。

●業務上、課題に思っていること。とくにいますぐ解決したいレベルで困っていることは何か？
●その解決のために、どのような手段を取っているか？
●B社のサービスの導入検討が進まなかった理由は？

①～③の調査の結果、それまでは主に「中小企業の人事部門」にだけ売れていたB社のサービスですが、いくつかの機能を追加することで、新たに2つのセグメントに対して売っていける可能性が高いことが判明しました。この2つの新セグメントをX・Yとし、ここに対して新たなマーケティング戦略を重点的に立案。専任のマーケティングチームをつくり、施

ターゲット候補のセグメント

ターゲットを拡充し、売上げアップにつなげる		
	セグメント A	New **セグメント X**	New **セグメント Y**

	セグメント A	セグメント X	セグメント Y
売上規模	中小企業	大手企業	大手企業
部門	人事	DX推進	情報システム
課題	○○作業が大変、楽にしたい	人事・総務領域にアナログな業務が残っている	既存システムの保守・運用に社内の人員が割かれている
実現したいこと	○○をネット完結にしたい、特に書類を検索できるようにしたい	社内の業務プロセスをデジタルに置き換えたい	自社開発のシステムではなく、SaaSに乗り換えたい
課題顕在化のきっかけ	他社の事例を見て	2年前から立ち上がったDX推進部門内で優先順位を決めて、社内の業務プロセスのデジタル化に取り組んでいる	既存システムの保守・運用コストの増大が部門会で議題に上がった

策を実行していくことになったのです（前ページ図参照）。

　これにより、それまでの「中小企業の人事部門」のリードのみが獲得できていた状態から、新セグメントであるＸとＹのリードも獲得できる状態に変わったため、目標のリード400件／月へと大きく近づくことができました。

STEP 3　マーケティング施策の偏りをなくす

　STEP 2では新しいセグメントを見つけるための調査を行いましたが、同時並行で、Ｂ社のマーケティング施策の最適化も行いました。

　それまでに実施してきた施策のほとんどが、顕在層向けのいわゆる「刈り取り施策」に集中していたためです。

　市場が急激に伸びている場合を除き、刈り取り系の施策でリーチできる顕在層の顧客数には限界があります。そのため、**ビジネスを拡大していく際には、どうしても準顕在層や潜在層に対するマーケティング活動も展開していく必要があります。**

　多くの商材において「顕在層」が全体に占める割合は少なく、実際の購買の前に長期間、検討する潜在層や準顕在層のほうが、数は圧倒的に多いことを忘れてはいけません（右図参照）。

　もちろん事業特性や顧客特性によっては、潜在層や準顕在層の数が顕著に少なかったり、存在はしていても顕在層に引き上げるのが難しかったりするケースがあります（たとえばオフィス用のコピー機やPCなどは、買うか／買わないかの要素が強く、潜在層が存在しません）。

　しかし、ある程度は潜在層や準顕在層が存在するビジネスなのであれば、それらの層のリードを獲得し、中長期でコミュニケーションを取りながら、

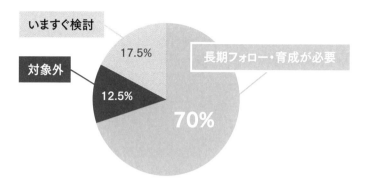

BtoBリードの70%は長期フォローが必要

いますぐ検討 17.5%

対象外 12.5%

長期フォロー・育成が必要

70%

出典：MarketingSherpa, "Average B2B Initial Lead Break-down"
https://www.marketingsherpa.com/

顧客の適切なタイミングで購買検討をしてもらえる仕組みをつくる価値があります。

それができて、初めて事業は一定以上の規模にまで拡大していきます。

具体的には次のような施策が潜在層・準顕在層向けのマーケティング施策として有効です。

●カンファレンスやイベントの開催
●テレビ広告、タクシー広告、電車広告
●ホワイトペーパー × Facebook広告
●オウンドメディアの運営
●記事広告の出稿や寄稿も含めたメディアへの露出

これらの施策で得られるリードは、必ずしもすぐに案件化するリードばかりではありません。しかしメールマーケティングによる継続フォローや、インサイドセールスの架電、セミナーでのニーズ醸成によって中長期的に引き上げを図っていけば、一定の確率で商談化できます。

短期の刈り取り施策に比べて、CPAやCACなど顧客獲得の効率面では悪化しますが、顕在層のリードを取り切ったあとにはこうした取り組みも重要になるのです。

実際に私の会社のコンサルティングビジネスのマーケティングにおいても、見込み先企業で事前にコンサルティング依頼費用が予算化されているケースは少ないものです。しかしながら、メールや架電、無料相談会などによる定期的なコミュニケーションを繰り返すことで、初回接点から半年後、1年後に予算取りしていただき、案件化することが珍しくありません。

B社のプロジェクトでは、ターゲットの属性上、展示会と企業から届くメルマガで情報収集しているユーザーが多いことが判明していました。

そこで、まずは展示会でリードを獲得し、定期的なセミナーの案内と、導入事例コンテンツの定期メール配信によって、継続的なコミュニケーション活動を行い、最終的な商談獲得につなげていくことになりました（下図参照）。その後、ご相談から2年経過時点で、当初希望の月400件のリード獲得にあと一歩のところまで来ています。

IT企業B社の階段設計

登りやすい階段を用意する

見込み客　展示会　● セミナー　● メール配信　商談　サービス利用開始

第 8 章

ケーススタディ 3

MA ツールを導入したが、活用できていない

某老舗企業C社からの相談

CASE 3

コロナ禍をきっかけにデジタルマーケティングを強化していこう、という話になり、早速MA（Marketing Automation：マーケティング活動の自動化支援）ツールを導入しました。過去に名刺交換した人たちをデータ化し、MAツールに登録しましたが、月1回のメール配信以外に活用できていません。

休眠顧客の掘り起こしを期待して導入したので、活用のアドバイスをいただきたいです。

C社とのプロジェクトの進め方

STEP 1 MAツールの発動条件を理解する

最近、「MAツール」と呼ばれるマーケティング活動の自動化支援システムを導入する会社が増えてきました。

MAツールとは、マーケティング活動のさまざまなプロセスを支援するシステムやソフトウェアのことです。既存顧客や見込み客とのコミュニケーションの補助や、ツールによってはセグメンテーション（市場細分化）した属性に対するコンテンツ配信、キャンペーンの管理などを行うことができます。

より具体的にできることを挙げると、たとえば次のような機能が備わっています。

● リード管理
● 行動ログの取得と確認
● フォーム作成
● メール配信（ステップメールやセグメント別の一斉配信など）
● Webページの解析
● リードのスコアリング
● シナリオ作成と自動化
● リード創出の効率化機能（ポップアップ通知など）

ただし、これらの機能をしっかりと使いこなしている企業がどれくらいあるのか？　と問われれば、私は「実際にはほとんどの企業で、導入時に期待したような活用はできていない」と答えるでしょう。

私は毎月10名以上のBtoBマーケターと継続的に情報交換をしていますが、そうした方々から話を聞く限りでも、**MAツールを使いこなせていない企業は多いようです。**

MAツールの利活用に取り組むときには、**まずは自社にMAツールを使いこなすための条件が揃っているかをチェックしましょう。**

C社の場合にも、最初はこの条件面のチェックから始めました。

条件1：　十分な数のリードを保有している

たとえば保有しているリードが500件以下しかない状態であれば、そもそもMAツールを導入する意味がありません。いますぐ安価なメール配信ツールなどに乗り換えて、リードを増やすための広告費などに資金を投下

したほうがいいでしょう。

BtoBのメール配信において、開封率（開封された数／配信リスト数×100）の目安は20％です。さらにクリック率（メール内URLクリック数／配信リスト数×100）の目安は5％に過ぎません。

つまり、500件のリードを保有している場合なら、全員にメールを送ったとき開封して中身を読んでくれるリードは100件、メール内のURLをクリックし、サイトに訪問までしてくれるリードは25件にすぎないということです。

サイトに訪れたリードのCV率が5％あると仮定しても、獲得できるCVは1.25件にしかなりません。

加えて、同じ配信リストに対してMAツールなどで定期的にメール配信をしていると、反響獲得の効率はほぼ必ず落ちていくことも考慮する必要があります。

もちろんその企業が扱っている商材の単価にもよりますが、**1件のCVのために高価なMAツールを導入するなど合理的ではありません。**保有リード数が少ない段階では、まずはリードの数を増やすことが重要です。

条件2： 毎年数千件以上の新規リードが供給されている

上で触れたように、同じリードに対してメールや架電を繰り返していると「リストが枯れる」状態が生じます。新規リードが少ない状態のままMAツールを活用すると、そうした状態になりやすいことから、新規のリードが常に供給されていることも必要になります。

目安としては、**毎年数千件以上の新規リードが追加されている**と、リストが枯れることなく、MAツールの活用で成果をあげられることが多いです。

条件 3：　月1本以上のコンテンツ作成体制がある

　毎年数千件の新規リードが供給されることに加えて、月１本以上は、新しいコンテンツの作成体制があることも重要です。

　ありがちなのは、一方的な商品の説明メールや、キャンペーン告知ばかりを送りつけたり、営業電話をかけ続けたりしてしまうこと。

　見込み客にとって役に立ち、興味を惹くような情報は伝えずに、一方的に自社の宣伝だけをしているようでは、いくら大量のリードを保有していても早晩、そのリードは使いものにならなくなってしまいます。

　そこで、リードに対してメールや電話でコミュニケーションを取るための「ネタ」として、記事コンテンツやホワイトペーパー、セミナー、商品の新機能追加、キャンペーンなどの新しい「コンテンツ」が必要になるのです。

　そうしたコンテンツ制作能力が、自社に備わっているかを確認してください。

条件 4：　インサイドセールスの体制がある

　MA ツールの導入時に見過ごされがちなのが、インサイドセールスの体制です。

　MA ツールをきちんと活用するためには、メールをクリックしたり、資料をダウンロードしたり、あるいは Web サイトに再訪してくれたりしたリードに対してスコアを付与したうえで、そのスコアに基づいて、料金ページや事例ページを見たなどの特定の行動履歴と組み合わせてメールや電話でコミュニケーションを取り、マーケティングチームをフォローしてくれるインサイドセールスの担当者が欠かせません。

　ところが、こうしたインサイドセールスの役割は、マーケティング担当

者が兼任したり、フィールドセールスの担当者が兼任したりしても手が回らず、結局、実行されないことが多いのです。

　できれば1人以上は、フルコミットする人的リソースを確保するのが望ましいでしょう。

　それが難しい場合でも、少なくとも0.5人／月以上の人的リソースは確保する必要があります。

条件5：　MA運用担当者が1人以上いる

　条件4と近い要素ですが、そもそもMAツールを運用する人的リソースの確保、つまりMA運用担当者をアサインすることも、忘れてはいけないポイントです。

　PDCAサイクルを回して、実際に効果のあったシナリオを自動化したり、フィールドセールスとコミュニケーションを取って、作成すべきコンテンツを企画したりする人が必要になるからです。

　まとめると、次の5つの条件です。

- ●条件1：　十分な数のリードを保有している
- ●条件2：　毎年数千件以上の新規リードが供給されている
- ●条件3：　月1本以上のコンテンツ作成体制がある
- ●条件4：　インサイドセールスの体制がある
- ●条件5：　MA運用担当者が1人以上いる

　これからMAツールを導入しようという場合は、まずはこれらの条件を整えることがMAツール活用の第一歩になります。

　あるいはすでに導入しているものの、上記の条件を満たしていない場合には、いまからでもすべての条件を満たせるように努力してください。

C社の場合にも、いくつかの条件を充足できていなかったため、人材の再配置などを行ってまずは5条件をすべて満たす状況をつくりました。

STEP 2 成果が出やすい機能から活用を始める

STEP 1でMA活用を始められる環境を整えたら、次は具体的に活用するフェーズです。

まずはスモールスタートとして、簡単に始められ、成果の出やすい機能から取り組んでいきましょう。

C社でも、こうした機能から活用を始めました。

リードの行動履歴の把握

MAツールを導入することで、リードの行動履歴がデータとして可視化されます。

たとえば2020年4月1日のセミナーに初めて参加した見込み客を、リードとして新規登録したとしましょう。

その後、このリードが2020年9月3日に配信したメールマガジンをクリック。2021年の3月4日にGoogle検索経由で自社Webサイトを訪れ、事例ページと価格ページを閲覧したあと、資料請求したとします。

このとき、MAツールにはリードのこうした行動が、日付や時刻とともにすべて記録されています（次ページ図参照）。

このように行動履歴がわかることで、たとえばインサイドセールスの担当者が事前に仮説を立てたうえで、架電できるようになります。

実際に私が知っているある企業では、MAツールを導入したことでWeb

MAツールによるリードの行動履歴把握機能のイメージ図

	アクセス	スコア	流入元
訪問	🕐 2020/04/09 11:33:15	5	（direct）
ブログ	🕐 2020/04/09 11:34:33	5	BtoBマーケティングの手法大全 - 社内会議で使える88個の施策アイデア | 株式会社才流 https://sairu.co.jp/doernote/0136
事例	🕐 2020/04/09 13:04:25	30	BtoBマーケティング支援事例 | 株式会社才流 https://sairu.co.jp/case
CV	🕐 2020/04/09 13:04:32	5	お問い合わせ | 株式会社才流 https://sairu.co.jp/contact

リードの行動履歴を把握できる

サイト上での見込み客の行動履歴が把握できるようになり、資料請求ユーザーに対する架電の質が上がったことで、受注率が10%向上しました。

　また、商談につながったリード、受注につながったリードの行動履歴を追うことで、どんなコンテンツを閲覧したリードの商談化率や受注率が高いのかを把握できます。

　これについても、ある企業でMAツールを導入したところ、受注率の高いリードが、オウンドメディア内で特定テーマに関する記事コンテンツを見ている割合が非常に高いことが判明。それを受け、新規で作成するコンテンツの方針を変更し、受注率の高いリードが閲覧している特定テーマに関する記事を集中的に執筆することで、受注数を伸ばすことに成功した事例があります。

このように、リードの行動履歴の把握機能は、ストレートに商談化率や受注率を引き上げてくれることが多いため、MAツール活用で最初に取り組むのに最適なのです。

セグメント配信

　配信したメールに記載されているURLをクリックしたリードや、自社Webサイトのコンテンツを繰り返し閲覧しているリード、企業規模や役職等の属性でセグメントしたリードなど、将来的に受注にまでつながる可能性が比較的高い見込み客のことを「ホットリード」と呼ぶ場合があります。

　多くのMAツールでは、このホットリードをセグメントし、別途指定するコンテンツを自動で送ることが可能です。

　このほか、たとえば以下のようなリードや既存顧客をセグメントすることも可能です。

●過去商談から半年以上、アプローチがない見込み客
●過去半年以上、取引のない顧客
●過去失注した商談
●過去解約した顧客

　これらのターゲットには、営業パーソンが積極的にアプローチをしていないことが多いため、SFAツールとも連携してマーケティング部門かインサイドセールス部門からアプローチしましょう。

　一定の確率で、掘り起こしからの商談や受注につながりますので、その後のさらなる活用につなげやすいでしょう。

ダウンロードコンテンツを作成し、メール配信

　リードによるメールの開封や、メール内のリンク先クリックだけでインサイドセールスによる架電のタイミングとするのは、実務上は困難です。リードの見込み度やニーズを判別するには不十分で、それだけで架電していたら効率も悪いですし、リードに行動を監視されているような印象を与えかねません。

　同様に料金ページや事例ページの閲覧だけを架電のタイミングとするのも、正直精度が低いもの。つまり、なかなか商談獲得には結びつきません。

　過去のさまざまなプロジェクトの経験から、汎用性が高くおすすめできるのは、料金ページやセキュリティに関するページなど、検討度の高いリードのみが訪問するページの閲覧行動をトリガーにすること。もしくは、ホワイトペーパーや調査レポート、事例集などのお役立ちコンテンツを自社で作成したうえで、MAツールでフォームを用意し、簡単な情報記入（ソリューション検討状況や抱える課題など）と引き換える形などでダウンロード可能にすることです。

　情報記入と引き換える形でコンテンツをダウンロードしてくれるリードは、単なるページ閲覧やメール内のURLクリックに比べて見込み度が高いと予想できますし、情報記入の段階でリードが抱えている課題やニーズ、探しているソリューションを聞くこともできます。

　ツールによっては、取得しているデータに応じてフォームの項目（電話番号、役職、予算の有無など）を出し分ける機能があり、コンバージョン率を落とさず、リードに関する情報を取得できます。

　このダウンロード履歴と記入された情報をもとに架電すると、精度が高いコミュニケーションが取れるでしょう。

定期的なメール配信

　基本的な機能ですが、MAツールを使って定期的なメール配信を行うことも推奨します。

　BtoBでの購買行動では、一般に検討期間が長く、予算取りの都合しだいで半年とか1年、2年先にまで検討期間が延びることがままあります。その際、多少時間が経っても自社のことを忘れず、定期的に思い出してもらうこと、また見込み客の検討段階が進んだタイミングを逃さずキャッチすることが重要です。

　配信するコンテンツとしては、事例インタビューの案内やセミナーの案内、新しいブログ記事やお役立ち資料の送付などは反応率が高く、比較的すぐに効果も出ます。

　できれば週に1回、最低でも月に2回は、既存リストにメールを送付するようにしたいところです。

STEP 3　難易度の高い機能にも挑戦する

　STEP 2で成果の出やすい機能を活用できるようになったら、次は多少難易度の高い使い方にも挑戦していきます。

　各種のMAツールが提供するさまざまな機能の中で、使いこなす難易度が高いものの、使いこなせれば大きな成果にもつながる機能として、次の2つを挙げておきます。

　これらの機能まで使いこなせれば、十分に「MAを高度に活用している」と言えますから、宝の持ち腐れ状態もスッキリ解消するはずです。受注や売上も伴ってくるでしょう。

シナリオ設計

　リードとのコミュニケーションシナリオを組み、リードに対するアク

ションを自動化する「シナリオ機能」が用意されているMAツールがあります。

この機能はMAツールの大きな魅力のひとつでもあるのですが、実際に設計するのはなかなか難しい作業です。

設計の自由度が高く、組んだシナリオの妥当性もシナリオが完了するまでわからないため、「シナリオを設計する前に、インサイドセールスが全件電話をかけてしまったほうが早い」などと判断しているマーケターが少なくありません。

シナリオ作成のポイントは、最初から壮大なものをつくろうとせず、シンプルなものから始めることです。

たとえば、展示会やお役立ち資料のダウンロードで獲得したリードに対して、セミナーの案内メールを送信。

メールのクリックや申込みの有無、セミナー当日の参加有無によって、内容を変えたフォローメールやインサイドセールスによる架電をシナリオ化します。

これぐらいシンプルな内容であれば、設計も簡単ですし、いままで人的リソースをかけ、属人的にやっていた対応を自動化することで、着実な成果につながります。

スコアリングやホットリードの可視化

ユーザーの特定の行動に対してスコアを付与し、スコアの値が一定値を超えたときに「ホットリード」として可視化するのが**スコアリング機能**です。

一見魅力的な機能ですが、実際の購買意欲の高低には関係なく、行動数が多いリードのスコアが高く出る性質があります。たとえば競合企業や既存顧客、意思決定権はないが情報収集には熱心な見込み客などのスコアが高く出てしまい、ホットリードのリストが使いものにならなくなるケー

スが多いのです。

　対策としては、競合や既存顧客に対してMAツール上でフラグを立てたり、スコアだけでなく、料金やセキュリティに関するページ、会社概要ページなど、購買意欲が高いリードが閲覧するであろうページへの訪問行動をリードが取っているか確認したうえで、インサイドセールスから架電するなどが有効です。

　偽のホットリードを排除する仕組みをつくり、せっかくの機能を有効活用できるよう工夫してみてください。

　また、実はホットリードを可視化したあとの打ち手を考えることも、かなり難易度が高いステップです。

　ホットリードが判明しても、「インサイドセールスが架電する」以外の選択肢を持っていない会社が多く、せっかくのホットリードのリストを十分活かせていません。

　このとき、自社が豊富なコンテンツを保有していれば、それをきっかけにさらなるコミュニケーションを取れる確率が上がります。組織としてコンテンツ作成能力を身につけて、それらを定期的に公開していくことが必要でしょう。

　さらには、商品特性によっては見込み客のニーズが段階的に上がるのではなく、何らかのインシデント（出来事）によって一気に高まる、というタイプの商品があります。

　この場合、購買意欲が低い見込み客を示す「コールドリード」から、徐々にスコアが蓄積していきホットリードへと変わるのではなく、瞬間的にお問い合わせや商談依頼にまで至ります。そのため、一定期間で蓄積された累積スコアをもとに判断するスコアリング的な考え方が適しません。

　自社の商材がこうしたタイプの場合は、インシデント発生時に自社を思

い出してもらえるか、探した際に自社がすぐに見つかる状態になっている
かが、マーケティング活動上重要で、残念ながらスコアリング機能をうま
く活用できないことがあります。

　自社のビジネスモデルに合うかどうか、あるいは個々の商材に合うかど
うかも考えて、機能を活用していきましょう。

MA活用はインサイドセールスと コンテンツが揃うことが重要

　以上、MAツールを活用するためのコツを紹介してきましたが、MAツー
ルを使いこなすには、インサイドセールスやコンテンツ制作能力が決定的
に重要になることを理解してもらえたでしょうか？

　そもそもリードがなかったり、新規のリード供給数が少なかったりすれ
ば、うまく活用できないのは言うまでもありません。

　しかし、ツールの機能や細かい初期設定をどうするか以上に、インサイ
ドセールスとコンテンツ作成の体制を整えることのほうが重要です。その
部分を意識して改善してみると、MAの力をフルに活用できるようになり
ます。

　C社の場合も、この2つのポイントを改善してもらいながら、基本的な
機能の活用から始めたところ、およそ6ヶ月後にはシナリオ設計やスコア
リング機能まで活用できるようになりました。

第 9 章

ケーススタディ 4

リード数や商談数は増えているが、受注につながらない

某マザーズ上場企業D社か らの相談

CASE 4

　上場までは、主に紹介と経営陣の知り合い経由の営業で顧客を獲得していました。昨年からマーケティング投資を加速し、広告や展示会出展などでリード数は増えたのですが、商談数と受注数がそれに比例して増えていません。

　商談や受注につながらない雑多なリードが増えてしまっているのですが、どうすればよいでしょうか？

D社とのプロジェクトの進め方

STEP 1　既存顧客になぜ選ばれているのかをヒアリング

　D社のように、リード数や商談数が伸びているのに受注数が伸びない場合、主に以下2パターンの原因が考えられます。

①ターゲット外のリードが取れてしまっている
②獲得したリードに対して、自社商品の価値を適切に説明できていない

まず①については、本来のターゲットが見ていないチャネルで、プロモーション活動を行っている可能性はないでしょうか？

　たとえばターゲットが大手企業の人事担当者なのに、スタートアップや中堅企業の人事担当者しか見ていないメディアで記事広告を打っているようなケースです。

　一方の②は、自社のプロダクトの価値や選ばれている理由をリードに対して適切に伝えられておらず、そのために受注につながらないケースです。

　経営陣の知り合いや既存顧客の紹介経由で案件を獲得しているうちは、この問題は顕在化しません。しかし、Webサイトやランディングページ、営業資料やパンフレット、インサイドセールスのトークなどの新しいチャネルで不特定多数の人たちに自社商品の魅力を説明しようとしたとき、問題が顕在化してくることが多いのです。

　D社の抱えていた課題は典型的な②のケースで、すでにWebサイトや営業資料の時点で、見込み客に自社の特長や選ばれている理由を適切に説明できていないことがすぐにわかりました。Webサイトや営業資料の内容が、経営陣やトップセールスが話す内容とまったく異なり、見込み客にとって価値のない情報の羅列になっていたのです。

　そこで、改めて「自社商品がなぜ選ばれているのか？」を言語化するために、以下の各施策を実施しました。

- 既存顧客5社になぜ選んだのかをヒアリング
- 自社の営業パーソンに自社商品が商談、コンペで選ばれている理由をヒアリング
- SFAツールの商談履歴をエクスポート（データ出力）し、商談、コンペで選ばれる理由を把握

●過去に作成した導入事例インタビューを閲覧し、自社が選ばれた理由や提供できている価値を把握
●自社のトップセールスの営業トークをヒアリング

結果として、次の2点を把握できました。

●大きく3パターンの顧客ニーズに対して、D社のサービスが求められていること
●確度高く受注できるサービス説明の仕方

STEP 2　売れるロジックを整理する

　自社が選ばれるパターンと、それらに対する営業トークがわかったため、次にそれらを営業ストーリーとして表現しました。

　私の会社内では「売れるロジック」と呼んでいる右上図のフレームワークを使い、BtoB商材を売るときのストーリーを組み立てたのです。

　第2章で詳述したように、BtoBのサービスの場合、商品を導入する目的にはなんらかの「課題解決」があることがほとんどです。加えて、複数階層・複数役職・複数人が購買に関与し、高額で、サービス提供者と顧客担当者の情報の非対称性が大きいという特徴があります。

　そのため、顧客の意思決定の背中を押すために「自社の商品がなぜその『課題解決』を実現できるのか？」「なぜ競合他社ではなく、自社の商品を選ぶべきなのか？」という点を論理的に説明できるようにしておく必要があります。

　右下の図に、上記BtoB商材の「売れるロジック」の各構成要素として利用できる、よくある情報やコンテンツ、行動を列挙しました。これらも

「売れるロジック」の構成要素

BtoBの購買目的は「課題解決」。それをロジカルに説明する

問題提起	● 問題を提起し、共感を得る
原因の深堀り	● 問題が起きる原因を提示する
解決策の方向と結果	● 問題が解決できることやベネフィットを伝える
解決策としての商品紹介	● 解決できる根拠や特長を伝える
信頼	● 提案企業や解決策が信頼できることを伝える
安心	● 疑問や不安を払拭し、安心してもらう
行動の後押し	● 導入／購入をしてもらう

「売れるロジック」の各要素を表現する情報

BtoBの購買目的は「課題解決」。それをロジカルに説明できること

	要素	情報
1	問題提起	キャッチコピー
2	原因の深堀り	よくある課題／課題が起きる原因
3	解決策の方向と結果	どんな課題を解決するサービスなのか
4	解決策としての商品紹介	サービス紹介／機能紹介／特長／料金／導入までの流れ など
5	信頼	事例／導入数／シェア／大手への導入実績／メディア掲載実績／第三者評価／役員経歴／社員紹介／上場 など
6	安心	FAQ／サポート体制／お客様の声 など
7	行動の後押し	お問い合わせ／資料請求／導入相談 など

参考に、リードを受注につなげるためのストーリーを構成していきます。

　具体例として、私の会社の「売れるロジック」も再度掲載しておきます。
こちらも参考にしてください（下図参照）。

「売れるロジック」の実例（株式会社才流の場合）

「戦略から相談できる相手がいない」という企業の課題を解決

問題提起	BtoBマーケティングの戦略から相談できる会社がないですよね
原因の深堀り	担当者が不在／BtoBマーケの知見がない／SEO、広告、ツールの会社にマーケティング戦略は相談できない
解決策の方向と結果	戦略に特化したコンサルティング会社です
解決策としての商品紹介	業界歴10年以上のコンサルタント／戦略から施策の実行支援まで／独自のサイル式メソッドで再現性高く、成果を提供
信頼	売上・商談数等を増やしてきた実績／具体的なメソッド資料／ブログやnote、Twitterでの情報発信／メディア連載・登壇実績
安心	コンサルタントの保有案件は6社まで／提案資料のサンプルを提示
行動の後押し	プロジェクトのご相談

　D社の場合は、顧客側のニーズが大きく3つに分かれたことから、売れるロジックについても3パターン作成しました。

STEP 3　売れるロジックをさまざまな媒体で表現する

　売れるロジックを整理できたら、それらを以下のようなさまざまな媒体に落とし込んでいきます。

- Webサイト
- ランディングページ
- 広告のクリエイティブ
- 営業資料
- 営業トーク
- テレアポやインサイドセールスのスクリプト

　D社の場合には、それまでは単一のWebサイトだけにリード集客をしていたものを、3パターンのニーズそれぞれに合わせて新しいランディングページをWebサイト内に3つ作成。広告クリエイティブも分け、それぞれのランディングページに遷移させる流れを構築しました。

　また、インサイドセールス／フィールドセールスの架電スクリプトも、3つのニーズ別に整理して社内に配布しました（下図参照）。

ニーズ別の売れるロジックをさまざまな媒体で表現

STEP 4 プロモーションを強化する

　Webサイトやランディングページ、営業資料の見直しや、リード獲得後のインサイドセールス／フィールドセールスのスクリプトを調整したことで、自社サービスの魅力を適切に伝えることができるようになり、受注率が向上しました。

　マーケティングとセールスストーリーの勝ちパターンが構築できたと判断し、この段階で以下のようなプロモーションを強化する投資に踏み切り、新規リード・商談獲得に従来の2～3倍の資金投下を行いました。

●展示会出展
●カンファレンス開催
●セミナー開催
●Facebook広告の出稿
●業界紙への記事広告出稿

　プロジェクト開始前は、集客を強化しても「穴の空いたバケツ」のように、せっかく獲得したリードや商談も受注につながっていませんでした。

　しかし、マーケティングとセールスストーリーの勝ちパターンが明らかになったため、いわば「穴がふさがったバケツ」の状態になり、プロモーション投資と受注金額が右肩上がりで比例する状態をつくることに成功したのです。

　みなさんの会社でも、このようにまずは「穴がふさがったバケツ」の状態をつくってから、プロモーションへの投資に踏み切ることをおすすめします（右図参照）。それにより、投資対効果の高いマーケティング活動が実現できます。

サービスの提供価値を高めてからマーケティングに投資する

穴の空いたバケツ	穴の空いていないバケツ
マーケティングを強化しても成果が出ない	自社商品の魅力を整理してからマーケティングを強化する

第 10 章

ケーススタディ５

新しいサービスなので積極的に探している人がいない

某大手企業E社のケース

CASE 5

　某大手企業E社内の新規事業としてスタートした商品「K」。新技術を使った画期的な商品ですが、商品のジャンル自体が新しいため、当該商品・当該ジャンルを積極的に探している人がいません。

　市場に類似商品がない新しいジャンルの場合、どのようにマーケティング活動を展開していくのがよいでしょうか？

E社とのプロジェクトの進め方

STEP 1　解決策のパターンを整理

　私の会社にご相談いただく中でも、新しいジャンルの商品で、その新しい領域を見込み客に知らせるところから始めなければいけないケースは、意外に多くあります。

　たとえば「ホームページ制作」「経費精算ソフト」「オフィス移転」「チラシ印刷」などの以前からある商品ならば、見込み客がよく使う検索クエリがすでに存在し、Webサイトや営業資料で機能や特長をそのまま訴求すれば、ある程度は見込み客に便益をイメージしてもらえます。

　そのため、検索エンジン対策や検索広告、紹介促進施策などを行えば、

新規の見込み客を獲得できます。

しかし、商品やサービスがまったく新しいものの場合には、同じようなマーケティング手法を取ることができません。見込み客がよく使う検索クエリは当然ありませんし、機能や特長をそのまま訴求しても、見込み客が便益を具体的にイメージできないケースが少なくないからです。

そのため市場に対して、そういった領域や商品の存在から知らしめる必要があります。

場合によっては、自社だけで行うのではなく、類似のサービス提供を行う競合企業も巻き込んで、当該ジャンルの認知を拡大していく必要があるでしょう。

とくにBtoB分野では、新しい領域や商品を売り出していくときにいくつかの成功パターンが存在します。まずはそれらのパターンを認識することから始めましょう。

E社のプロジェクトも、最初はこれらのパターンの中に自社商品にあてはめられるものがないか、マーケティングチームで検討するところからスタートしました。

パターン1: 探していなくても、出会えるようにする

まず1つ目の成功パターンは、現状ではとくにその領域や商品を探しているわけではない人たちに積極的にアプローチし、注目を得る方法です。百貨店でウィンドウショッピングをしている顧客が、たまたま見つけた商品を衝動買いするイメージが近いでしょう。

やや強引な手法とも言えますが、大抵のケースで使えて、それなりに効果も出る、汎用性の高い打ち手です。

たとえば展示会への出展、積極的なテレアポ、DMの送付などのアウトバウンド施策が該当します。

もしくはFacebook広告やTwitter広告などのインフィード広告で、ユーザーが別の文脈でコンテンツに触れているときに商品を紹介する、という手法もこのパターンにあてはまるでしょう。

これらの施策では、見込み客がその領域や商品を探していなくても、あるいはまったく知らなくても自社商品の存在を知らしめることができます。**必ずしも効率はよくないのですが、一定以上の露出があれば、高い再現性で成果が見込める**でしょう。

実際の例を挙げます。

人事領域のSaaS事業を営む某社では、年間2,000回近くのセミナーを開催しています。

自社商品を紹介するセミナーではなく、人事にまつわるさまざまな切り口でセミナーを開催することで大量の人を集客。その中で最後に商品を紹介したり、セミナーに参加した人たちに対してメールマガジンを発行したりして商品への興味・関心を高め、新領域の商品の売上を伸ばすことに成功しています。

パターン2：　社会的なニーズが高い文脈の中に位置づける

2つ目の成功パターンは、社会や顧客が興味を持っている既存テーマの中に自社のサービスを位置づけ、サービスへの認知を高める方法です。

たとえば昨今では、「働き方改革」や「DX（デジタルトランスフォーメーション）」への関心が社会的に高まっています。

現時点ではE社の商品「K」に関心がある人は少ないのですが、「働き方改革」に興味がある人は多数いますから、「働き方改革」関連のソリュー

ションとしてメディアに取り上げてもらえば、商品「K」についても興味を持つ人が一定数出てくるでしょう。

　同じように、人事領域における「DX」の打ち手のひとつとして商品「K」をメディアで紹介してもらえば、「働き方改革」の場合とはまた別のセグメントに、商品「K」の存在を認知させることが可能です。

　このように、**すでに興味を持っている人が多いテーマにからめて、自社の新商品を紹介するわけです。**

　施策レベルでは、テレビや新聞、雑誌、Webメディアなどのメディアに記事ネタとして取り上げてもらえるよう、メディアリレーションを強化することや、社会的ニーズの高いテーマや文脈で開催される外部カンファレンスに参加する、あるいは自社で関連テーマのカンファレンスやセミナーを開く、などの手法があります。

　実例をひとつ挙げると、私の会社でもマーケティングのお手伝いをしていたうるる社が提供する電話番サービスfondeskは、リリース当初、「黒子テック」というオフィスの生産性向上サービスのひとつとして、日経産業新聞などに取り上げられていました。

　●2019年7月30日：日経産業新聞　1面
　　「オフィス雑務から解放　生産性向上　黒子テックが支え」
　　https://www.uluru.biz/archives/8122

「オフィスの生産性」という社会的なニーズが高い文脈の中に新サービスを位置づけることで、一気に多くの潜在顧客に知ってもらえた事例です。

　なお、どの文脈が社会的なニーズが高いのかは、Google社が提供する

「Googleトレンド」という無料ツールを利用すれば、実際にどれくらい検索クエリとして利用されているかデータで把握できます。検索クエリとしての利用回数は上昇傾向なのか、下降傾向なのかもチェックできますから、多く検索されているキーワードであり、またその検索回数が全体的に増えていれば、足元でのニーズが高いテーマだと判断できるでしょう。

　ここでは、例として同ツールで「働き方改革」と「デジタルトランス

グーグルトレンドで人気のテーマを探せる

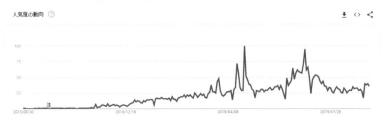

Google and the Google logo are registered trademarks of Google LLC, used with permission.

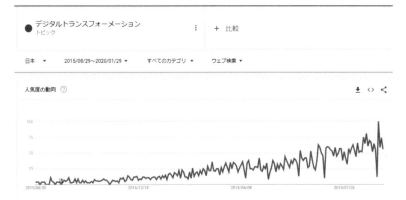

Google and the Google logo are registered trademarks of Google LLC, used with permission.

フォーメーション」を調べた画面のキャプチャを掲載しておきます。

このほか、日経新聞や東洋経済などのメディアの特集を過去半年分ぐらい閲覧し、取り扱いが多いテーマを把握するのも有効です。

パターン3: 新しいコンセプトやキーワードを流行させる

3つ目の成功パターンは、多少難易度が上がります。

自社の新商品に合致する新しいコンセプトやキーワードを考案し、それ自体を社会に広げるパターンです。

たとえば私が所属するマーケティング業界での事例を挙げると、以下のように急成長するツール／サービスを提供している各社が、独自のワードを開発してマーケティング活動に活かしています。

● Hubspot： 「インバウンドマーケティング」というマーケティング
　　　　　　　コンセプトを提唱
● SATORI： 「アンノウンマーケティング」という機能を提唱
● b-dash： 「データマーケティングツール」というジャンルを提唱
● ラクスル： 「運用型テレビCM」というコンセプトを提唱

ほか、有名な例では名刺管理サービスのSansanも挙げられます。

まだ「名刺管理サービス」という概念がなかった頃から、「それさぁ、早く言ってよ〜」のCMで、名刺が管理できていないことによる機会損失をうまく世間に訴求していました。世の中に課題感を形成し、「そういえば名刺管理ができていないな……」という課題感とSansanを紐づけることに成功したのです。

結果として、「名刺管理」という新たなマーケットが生まれました。

ほかには、最近ではコンサルティングファームのアクセンチュアが、「デジタル・イズ・エブリウエア」という新しいワードを提唱して、DXに湧く世の中に対して先手を取った新コンセプト提案をしているのが印象的でした。

本書執筆時点ではまだ、「デジタル・イズ・エブリウェア」に関連するソリューションを探している企業はほとんどないでしょうが、「デジタル・イズ・エブリウェア」の新市場を形成することに成功できれば、アクセンチュアはこの市場の第一人者として、顧客にさまざまなソリューションを販売できるわけです。

STEP 2　方 針 を 策 定 し 施 策 を 実 行

さて、E社の新商品「K」のケースでは、STEP 1で検討したうちの「パターン2：　社会的ニーズが高い文脈の中でサービスに触れてもらう」が合致するだろうという結論となりました。

そこで、自社商品との関連性の高さや、Googleトレンドなどでの検証を踏まえて、以下の4テーマを選択しました。

- ●働き方改革
- ●離職率低下
- ●採用コストの低減
- ●従業員エンゲージメント（仕事に対する前向きな心理状態）の向上

これらのテーマに関連した記事コンテンツの中で自社商品を取り上げてもらえるよう、さまざまなメディアとリレーション（関係やつながり）をつくり、企画を持ち込み続けました。

また、自社でも月10回程度は、関連したテーマでセミナーを開催しま

した。これらのセミナーは自社単独で行うこともありましたし、新しいジャンル自体への認知を広げるため、競合他社を含むさまざまな別企業との共同セミナーの形にすることもありました。

　さらに、一度認知してもらった見込み客に対して、継続的にメルマガを配信し、商品に対する認知を上げていきました。

　結果として、とくに「働き方改革」と「離職率低下」のテーマは社会的な関心が高いテーマであったため、何度かビジネス系メディアの中で大きく取り上げられることに成功しました。

　またその効果もあってか、各回のセミナー集客も難なくこなし、一定確率で商談につなげて、新商品「K」の売上を順調に伸ばすことに成功しました。

　なお、商品「K」で行ったマーケティングプロセスの全体を図示すると以下のようになりますので、こちらも参考にしてください。

商品「K」のマーケティングプロセス

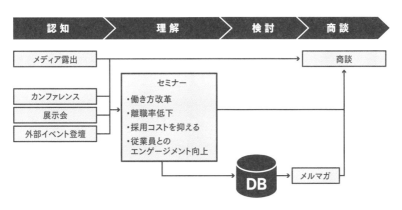

第 11 章

ケーススタディ6

顧客がWebを使って情報収集していない

大手企業F社の新規事業部門からの相談

CASE 6

一昨年、新商品「Q」をリリースし、会社としても肝いりのプロジェクトとして予算・人員を投下しています。

しかしながら、対象顧客は平均年齢が50歳前後のレガシーな業界。おそらくWebを見ての積極的な情報収集はしておらず、彼らにリーチするのに展示会以外の有効な手法が思いつきません。

事業拡大のスピードを上げるために、彼らのリードを大量に獲得したいのですが、どうすればよいでしょうか?

F社とのプロジェクトの進め方

STEP 1　過去商談の受注・失注分析からターゲットを定める

F社とのプロジェクトでまず行ったのが、対象顧客への理解を深めるための**過去商談の受注・失注分析**です。

いままでの商談すべての一覧データを用意してもらい、以下のような点について分析し、現状を把握しました。

●どのような属性の企業に売れているのか？

●どのような属性の企業には売れていないのか？

●売れていたとしても、その後、どれくらいの規模の発注をしてくれているのか？

●製品を使うことで満足してくれているのか？

過去商談の受注・失注分析から今後のターゲットを選定

セグメント	ターゲット企業数	平均購入台数	LTV	売上上限※	結果	課題
A	200社	300台	9,000万円	72億円	○	トップ商談でのみ開拓可能だが、役員経由の紹介でアプローチ可能
B	400社	120台	3,600万円	57.6億円	○	LTVが高く、販売代理店経由で順調に獲得できている
C	2,000社	5台	150万円	12億円	×	展示会で一番獲得できているセグメントだが、購入台数が少ない
D	4,000社	15台	450万円	7.2億円	△	LTV450万円は許容範囲内だが、競合製品を導入済みで商談失注率が高く、顧客獲得コストが高い

※シェア40％で計算

　結果として、この事例ではある特定のセグメントAとBは、一度の購買で100台以上の商品を買ってくれていることが判明しました。

　逆にセグメントCとDは、商談失注率が高いか、受注率は高いものの1回あたりの発注ロットが少なく、マーケティング投資を加速させても費用対効果が合わないことがわかりました。

　そこで、まずはセグメントAとBにターゲットを絞り、マーケティング活動を集中させていく意思決定を行いました。

ターゲット顧客に普段の情報
行動・購買行動をヒアリング

　ターゲットが決まったら、次は実際にそのターゲット顧客（セグメントA
とBの顧客）に普段の情報行動・購買行動を直接聞いてしまい、現状を調
査しました。

　ヒアリングの対象を集めるのには、以下のような手法を用いました。

●リサーチ会社を利用してターゲット顧客を集め、インタビューを行う
●既存のハウスリスト（自社の保有する既存顧客や見込み客のリスト）に対し
　て、インタビュー被験者の募集告知を行う
●営業経由で既存顧客にインタビューを依頼する
●過去商談した失注顧客にインタビューを依頼する

　こうした手法で直接のヒアリングの機会をつくったら、彼らに以下の各
項目についてインタビューを行います。目安としては、セグメントごとに
5名以上にインタビューできると情報の精度が高まるでしょう。

●どのような方法で業務上の情報収集を行っているのか？
●どのような方法で業務上の課題解決に必要な製品・サービスを探し
　ているのか？
●過去に導入した類似の製品やサービスは、どのようなきっかけで検討
　を始めたか？
●それらの製品・サービスの導入にあたり、どのような会社と比較検討
　したか？
●それらの製品・サービスの導入にあたり、実際にはどんな情報が必要
　だったか？

●それらの製品・サービスの導入にあたり、導入の決め手となる要素は何だったか？

ターゲット顧客がどんな行動をしているのかあれこれ想像して悩むよりも、こうした手法でひと手間をかけ、直接聞いてしまうのがよほどてっとり早いでしょう。しかも、現実に即していて正確です。

本プロジェクトでは、こうしたヒアリングの結果、ターゲット顧客の主な情報収集源は特定のメディアではなく、ある機材を納入してくれる「出入り業者の担当者」であることがわかりました。

STEP 3　当該業界に製品・サービスを販売した経験のある専門家にヒアリング

同時並行で、過去にターゲット顧客が属する業界に対して製品・サービスを販売したことのある会社を見つけ、そのときにうまくいったセールスやマーケティングの手法を教えてもらいました。

こうしたヒアリングは、もちろんNDA（Non-disclosure agreement：秘密保持契約）との兼ね合いはあるのですが、競合業種でない限りは一定の情報交換に応じてくれることが多いものです。

ここでも、以下のような手法で類似の部署・部門に対して、過去にサービス提供の経験のある人、あるいは現在もサービス提供をしている人を集められました。

●社内の人づて
●ビザスクやGLGなどのエキスパートインタビューサービスで募集

彼らに対して以下のような事柄をヒアリングさせてもらえると、精度の

高い情報が得られるでしょう。

●ターゲット顧客（セグメントAとBの顧客）の業務上の関心事は何か？
●うまくいったマーケティング手法、うまくいかなかったマーケティング手法はどんなものか？
●うまくいったセールス手法、うまくいかなかったセールス手法はどんなものか？
●一番効果のあった認知獲得のチャネルや、リード獲得のチャネルは何か？

この手法は再現性が非常に高く、おすすめできます。同じターゲット顧客に対して、以前にセールス／マーケティング活動を展開したことがある、という企業は多数あるのが普通だからです。

たとえば多店舗展開をする小売企業向けには、IT系サービスや人材系サービスなど、多様な企業がサービス提供を行っていますし、昨今では保育園／幼稚園などの保育サービス業界に対しても、ICT化を合言葉にさまざまな企業がサービス提供を行っています。

みなさんがターゲットとする顧客にも、同じようにさまざまな企業が過去に働きかけをしているはずです。

コツとしては、**できれば業界レベルではなく、部署や役職レベルで、同じ顧客層を狙った人たちにヒアリングすること**。

同じ業界でも、たとえば技術部門と人事部門では情報収集のチャネルや購買行動で重視するポイントがまったく違うため、異なる部署や役職をターゲットにしていた企業の話を聞いても再現性が低く、役に立たないことがあるからです。

STEP 4　上記の情報をもとに、ターゲットとチャネルを決める

　F社のプロジェクトでは、STEP 2と3で判明した情報から、ターゲット顧客の担当者にリーチするためのもっとも効率のよい方法は、出入り業者から商品「Q」をおすすめしてもらうことではないか、と仮説を立てました。

　BtoBの購買行動では、担当者が自らWebで検索したり、イベントに参加して情報収集するのではなく、既存の取引業者に「どこかおすすめの会社ない？」などと聞いて、購買先候補を教えてもらう購買行動は意外によくあります。とくに大手企業の担当者であるほど、この傾向は顕著です（下図参照）。

出入りの業者が有効なチャネルとして機能しているケースは多い

本業界では、事業会社は最新商品を自ら探す以上に、
出入り業者に「おすすめの商品を聞く」「提案をもらう」構造があった

よくある認識	実際の行動
事業会社 ⋯⋯✕⋯⋯ メーカー	事業会社 → 出入り業者 → メーカー
意外に情報収集していない	最新情報は出入り業者から得ている

施策　① 出入り業者の営業担当者が使える調査レポートを発信
　　　② 出入り業者を集めた勉強会・セミナーを開催

たとえば私は以前、Webサイト制作の営業も行っていたことがあるのですが、Webサイトを新たに制作したり、リニューアルしたりすることを考えている企業は、かなりの割合でまず、すでに取引のある広告代理店や印刷会社におすすめの会社をいくつか聞いて、その中から依頼先を選択する、という行動を取っていました。強みや実績の比較すらせずに、おすすめされた会社に即発注するようなこともよくありました。

　逆に言えば、ほとんどの見込み客は自ら「Web制作会社 東京」「Web制作会社 おすすめ」のようなキーワードを入れてGoogle検索し、業者を探すことはしてはいなかったのです。

　そのような状況・業種なのであれば、検索結果画面で上位表示を獲得するためのSEO対策や、検索広告などに力を入れるよりも、ターゲット顧客と取引のある「広告代理店や印刷会社」の中での認知を高め、彼らの取引先に対して「おすすめの一社」として挙げてもらうための取り組みをするほうが、よほど重要になるわけです。

　本プロジェクトでは、従来のテレアポ、FAX DM、郵送DM、展示会出展、業界団体への所属といった施策も引き続き行ったうえで、新たにその業界への出入り業者向けのセミナーや勉強会を開催し、それらの出入り業者経由で、ターゲット顧客にアプローチする施策を行いました。

　結果として、まずは出入り業者内での認知を向上させることに成功。

　その後、いくつかの大手出入り業者とは業務提携を結び、受注時に手数料を払うなどのインセンティブを付与することで、彼らの日々の営業活動の中に新商品「Q」の紹介を組み入れてもらうことに成功しました。

　これにより、新規顧客の獲得が大幅に加速した、という事例です。

第 12 章

ケーススタディ 7

競合の参入でCPAが
高騰し、受注率も低下

某上場企業G社からの相談

CASE 7

　マーケティング部門の人数が少ないため、リソースのかかる展示会やセミナーなどのオフライン施策は実施が難しい状況があります。

　そこで、ある年からオフライン施策を停止し、より効率のよいデジタルマーケティング施策にリソースを集中させてきました。

　しかしながら昨今、外資系のツールベンダーS社とX社が新規参入し、豊富な資本力を背景にテレビCMやさまざまなメディアでの露出など、大々的なプロモーションを展開してきました。

　両社はマーケティング部門の人員も多いため、カンファレンスやセミナーなどのオフライン施策も頻繁に行い、大量の見込み客が両社に流れてしまいました。どのように挽回すればよいでしょうか?

G社とのプロジェクトの進め方

STEP 1　何が起きているのかを理解する

　上記のような相談を受け、G社のプロジェクトメンバーとまずは現状についてざっくばらんに議論しました。

　その議論の中で判明したのは、競合のS社とX社のマーケティング活動

は、リードの購買プロセスの前半、つまり「認知」や「理解」のフェーズにアプローチすることに成功しており、結果として見込み客の脳内での第一想起獲得にも成功している、ということです。逆にG社は、その部分で負けてしまっているのではないかと思われました。

その領域の課題を解決したいと思ったときに、G社ではなく、S社とX社が真っ先に思い浮かぶ状態になってしまっていたのです。

G社は数年前からオフラインのマーケティング施策を停止し、デジタルマーケティングに集中投資を行っていました。そのおかげで、確かにリード数はある程度増えていたのですが、よくよく分析してみると、マーケティング施策が購買プロセスの後半、つまり「情報収集」や「比較検討」のフェーズに偏っていました。

お問い合わせや資料請求などのいわゆる「ホットリード」は取れているのですが、すでに見込み客の脳内での第一想起、第二想起を獲得している

リード数は伸びているが売上は横ばい

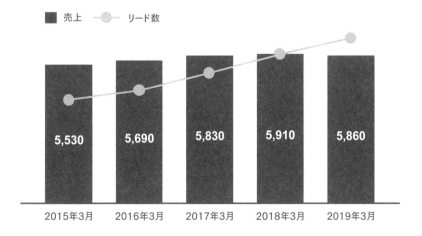

S社やX社とのコンペで当て馬にされたり、第2、第3の候補としてコンペに呼ばれたりするにすぎない状態だったのです。

　こうした状況を紐解いていくと、デジタルマーケティング施策によってリード数は右肩上がりに伸びているものの、売上は横ばい……という現状が判明しました（前ページ図の状態）。

STEP 2　対策方針の策定

　現状が把握できたら、次は対策方針の策定です。このようなケースの場合、対策方針は大きく2つ考えられます。

第一想起を狙うパターン

　ひとつは、競合のS社、X社のように購買プロセスの前半から自社を認知してもらい、「◎◎ツールと言えばG社」という想起を獲得することをめざす方針です。

　現状のように見込み客が「◎◎ツール　おすすめ」とか「◎◎ツール比較」といったクエリで検索を行う購買プロセスの後半に焦点を置き、SEOや検索広告に投資するのではなく、

　『◎◎ツールを導入するなら、G社に依頼しよう！』

　『今年は予算化できたし、G社に問い合わせしよう！』

　などと、最初から自社に相談してくれる見込み客を増やすために、ブログ・SNS・業界メディアでの情報発信、展示会やイベントで自社を認知してもらった人たちに対してのメールマーケティング／セミナーで継続的にコミュニケーションを取る、といった購買プロセスの前半からアプローチする施策に注力するのです。

実際に競合のＳ社は、自社のオウンドメディア上で良質な情報発信を行い、購買プロセスの前半（潜在層や準顕在層の段階）から認知を獲得することに成功していました。

　◎◎ツールを導入しようとするときに、真っ先にＳ社を思い浮かべてもらうための活動を展開していたのです。

　今回のケースの場合、「◎◎ツールと言えば……」となったときに、すでにＳ社、Ｘ社が想起される状態にありました。しかし、まだリードが認知可能なブランド数には空きがあり、そこを狙う戦略は選択肢としてありえる、と判断しました。

狭い領域での独占をめざすパターン

　もうひとつの方針は、メインストリーム市場（主要市場）での競合を避け、特定領域での独占をめざすことです。

　●特定の領域（業界／セグメント／役職／ユースケースなど）に特化する
　●バリューチェーンを足し引きし、提供サービスを変更する
　●特定のチャネルを独占する

　代表例としては、上記のような方向性が考えられます。

　私が所属するマーケティング業界での例を挙げると、SEO業界の偉人と言えるso.la社の辻氏が新会社を設立したとき、SEOならなんでもできると間口を大きく取るのではなく、あえて大規模ウェブサービスや大規模なウェブサイトだけを対象顧客として明示し、特定領域に特化した形で新ビジネスを立ち上げていました。

あるいは、競争の激しいWeb制作分野では、建築業界に特化して1,500サイト以上を制作しているアババイ社の例がありますし、「BtoB分野でのWeb制作」という形で独自のポジショニングを行い、年間500件近くのお問い合わせを獲得しているとされるベイジ社などもあります。

「Web制作」という分野は、すでに歴史のあるサービス・業界となっていて競合も非常に多いのですが、ある特定の領域に特化することで「建築業界のサイト制作ならアババイ社」とか、「BtoBのサイト制作ならベイジ社」といった形で第一想起のポジションを新たに確保することも不可能ではないのです。

〔STEP 3〕　ポジショニングを明確に

　さて、G社の場合、すでに上場しており既存顧客も多数いたため、私の会社への相談時点から新たに大きくポジショニングを修正するのは困難だと思われました。つまり、上述した特定分野への特化のパターンは少々実施が困難でした。

　そこで「◎◎ツールと言えばG社」という"認知の枠"を獲得しにいく方向で合意し、意思決定を行いました。

　とはいえ、「◎◎ツールと言えばG社」の認知を取りにいくにしても、改めてポジショニングを明確にする必要があります。

　つまり、G社がどんな強み・特長を持っているのか？　誰の、どんな課題を解決する会社（ツール）なのか？　という点を言語化する必要があったのです。

　そこで以下の2つの施策を早急に実施しました。

　●G社の既存顧客に、なぜS社やX社ではなく、G社を選んだのかを10

社程度ヒアリング

●過去２年間のSFAデータから、受注要因・失注要因の傾向を分析

結果、G社のサービスが持つ機能「F」が、とくに「営業企画部門」に刺さる特長を備えており、その機能はS社やX社の商品が弱い領域であることが判明しました。多くの顧客はこの機能Fがあるために、G社のサービスを選んでいたのです。

そこで「営業企画部門」にターゲットを絞り、機能「F」を前面に押し出したプロモーション活動を展開していくことにしました。G社の従来のポジショニングは変えませんが、その一部に焦点をあてることで、従来よりも強みを明確にした形です。

STEP 4　潜在層向けのマーケティング活動を強化

ポジショニングが明確になったことで、それを明確層や顕在層、準顕在層だけでなく、潜在層向けに展開していく計画を立てることが可能になりました。

改めて認知獲得の効率を上げるため、競合企業がどのような施策を展開しているのかを調査します。

競合と同じチャネルで、同じようなことをしても、先行者の優位性と資本力を考えれば分の悪い勝負になってしまいます。競合企業が取り組んでいないチャネルをあぶり出したうえで、そこにマーケティング施策を集中させることを決断したのです。

調査と分析の結果、以下の３つの領域でのマーケティング活動に注力

することにしました。

　　●機能「F」の領域に関するオウンドメディアの開設
　　●既存顧客向けのユーザー会の開催（既存顧客からの新たな紹介が発生）
　　●さまざまな業界イベントでの登壇

　こうした施策のおかげで、潜在層・準顕在層の段階からコミュニケーションを取ることに成功し、半年後ぐらいからはG社のブランド名検索数が右肩上がりとなりました。
　その後は下がっていた受注率も回復し、商談数・受注数ともに向上。売上を継続的に伸ばすことに成功した事例です。

第 13 章

ケーススタディ８

営業主体の会社なので、
マーケの文化がない

東証二部上場の製造業 H社からの相談

CASE 8

これからマーケティングを強化していきたいのですが、これまで旧態依然とした「THE・営業会社」だったため、マーケティング部門の人員もスモールスタートでやらざるをえません。

経営陣もやる気ではありますが、営業部門の協力が得られません。

最終的にはマーケティングの強い会社にしていきたいのですが、どのような手順で進めればよいでしょうか?

H社とのプロジェクトの進め方

STEP 1　まずは小さな成功体験をつくる

顧客の購買行動の変化や、労働人口の減少で営業パーソンの数が減っていくことを受け、「今年からBtoBマーケティングを強化したい」とか、「マーケティング投資に踏み切りたい」といった相談が私の会社に舞い込むことは多くあります。

H社のケースもまさにそうしたご相談ですが、このときよく聞くのが、「うちは営業の会社なので、営業部門の協力が得られなくて…」とか「上層部の理解が得られなくて……」といった悩みです。

こうしたご相談には、「まえがき」で書いたように私自身も営業主体の

会社からマーケティング主体の会社への変革を経験したことがあるため、そのときの経験を踏まえていくつかのポイントをお伝えしています。

まずお伝えするのが、「最初に小さな成功体験をつくる」ことの重要性です。

プロジェクトの初期に明確に数字が伸びたことを示せれば、プロジェクトメンバー内でも弾みがつき、他部門や上層部の協力を得やすくなります。

たとえば以下のような施策は、予算をそこまでかけずに、短期的に成果を出しやすいものです。

● Webサイトを改善する。とくにCTA（Call To Action：行動喚起要素）を改善する

（具体的な改善ポイントは、以下サイトの「180のチェックリスト」を参照してください。 → https://sairu.co.jp/doernote/0170 ）

● 検索広告を出稿する

● 既存のリードリストに、顧客事例やホワイトペーパーなどのコンテンツをメールで定期的に配信する

● 過去のセミナー資料、イベント登壇資料、社内研修資料、提案資料を再編集してホワイトペーパーを作成。Facebook広告で配信したり、Webサイト上にダウンロードコンテンツとして設置する

● インサイドセールスの役割を設ける。分業・効率化によって、とくにトップセールスの商談時間を増やす

● オンライン商談を活用して移動時間を減らし、商談時間を増やす

これらは少ないコストで、短期的に売上に近い部分の数字がわかりやすく改善するため、こうしたところから取り組み始めるのがよいでしょう。

逆に初期のタイミングで、オウンドメディアを立ち上げたり、公式SNSアカウントを運用し始めたり、セミナーを開催する、といった成果が出るまでに一定の期間が必要な施策を行うのは、社内の余計な反対意見を惹起しかねないので、あまりおすすめしません。

　たとえば製品・サービスをいますぐに導入しようと思っている見込み客が、セミナーに来る可能性は低く（多くの参加者は情報収集目的で参加します）、商談化・受注までにはセミナー参加後の継続的なコミュニケーションが必要です。

　またコンテンツを蓄積するオウンドメディアも、運よく購買行動につながる検索クエリがあれば良質な集客やCV獲得につながりますが、狙ったキーワードが上位表示されるまでには一定の時間がかかります。

　ドメインの評価が低い状態からスタートするなら、明確な成果が出るまでに半年〜1年以上かかることが一般的でしょう。

　「小さな成功体験」を待たず、経営トップのコミットメントのもとで最初から予算もリソースも大きく割り振ることが理想ではありますが、現実的には難しいでしょう。まずは少額の予算で始められ、短期的な成果を見込みやすい施策から手がけるのが定石です。

　また、「小さな成功体験」を得たあとは、「売上が120％増えた」「これまでコンタクトが取れなかった企業からの問い合わせが来た」などの実績をしっかり社内にアピールし、『マーケティングに投資することで、売上が上がる！』という期待を醸成する工夫も忘れないようにしてください。

STEP 2　量の最大化

　小さな成功体験を得たことで、予算やリソースが少しずつ割かれ始めたころの「次の打ち手」としておすすめしたいのが、リードの数や商談の数をKPIにして、並行していくつかの施策を打っていくことです。

　もちろん、すぐに最終的な受注数につながればそれがベストなのですが、いきなりそこをKPIにすると、なかなか達成できません。

　まずは売上・受注の手前の指標であるリード数や商談数をKPIに置き、さまざまな施策を繰り出してどれが自社の商品にフィットするのか、試行錯誤してみましょう。たとえば以下のような施策です。

●マーケティング部門主導で、セミナーを開催する
●SEO目的の記事コンテンツを月に2本ずつ更新する
●ホワイトペーパーをFacebook広告で配信する
●展示会に出展する
●郵送DMや手紙DMを試す
●業界紙や業界メディアに記事広告を出稿する
●事例コンテンツを配信する
●プレスリリースを配信する
●ホワイトペーパーの数を増やす
●ポッドキャスト（Webラジオ）、You Tubeなどの新しいチャネルにコンテンツを仕込む

　最初から成果につながるチャネルや施策がわかればよいのですが、社内に知見がない状態では精度の高いアクションは難しいものです。仕事論やキャリア論の文脈では、量をこなすことで質が上がっていく「量質転化」が重要だと説かれますが、BtoBマーケティングにおいても、「質」を得る

前の「量」のフェーズが存在するのです。

　もちろん各章で説明してきたようなユーザーリサーチや競合調査、専門家からのアドバイスによって、最初からある程度精度を上げることも可能でしょう。しかし、やってみて初めてわかることが多いのも事実なので、この段階では少し多めに、さまざまなチャネルや施策を試すことをおすすめします。

STEP 3　　質を上げる

　STEP 2で多様なチャネルや施策を試すことで、リード数や商談数が増えます。その次に取り組むべきなのが、**実施した施策を振り返って分析し、「勝ちパターン」と「負けパターン」に仕分ける**ことです。

　そのうえで負けパターンからは手を引き、勝ちパターンにはさらなる予算とリソースを集中させます。

　チャネルや施策の善し悪しは比較的判断しやすいので、ここでは、顧客セグメントの分析に関して説明しておきます。

　リードや商談・受注数が増えてくると、データが取れ、顧客セグメントごとの傾向がわかるようになります。

　すると、受注した顧客の中にも「発注金額が大きい」「リピートしてくれる」「継続期間が長い」などの理由でLTVが高い層と、逆に「発注金額が小さい」「リピートしない」「継続期間が短く、すぐに解約してしまう」などの理由でLTVの低い層が存在することに気づくようになります。

　また、当然ですが、商談受注率の高い層と低い層が存在することにも気づくでしょう。

受注率とLTVの４象限

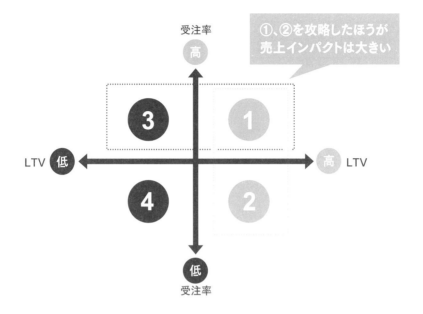

これを４象限でまとめたのが上の図です。

図にするとあたり前の話なのですが、このとき往々にしてやりがちなのが、紺色の枠の「受注率の高さ」だけを見て、ターゲットセグメントを①と③に決めてしまうことです。

しかしながら、このうち③のセグメントは、受注率は高いもののLTVが低く、実はユニットエコノミクスで見ると顧客獲得コストがLTVを上回ってしまう場合（LTV＜CAC）があります。この状態ではコストをかければかけるほど、会社としては赤字になってしまうため要注意です。

収益性を加味したマーケティング投資の意思決定を行うなら、水色の枠で囲った①「受注率は高く、LTVも高い」層と、②「受注率は低いが、LTVが高い」層にしっかりマーケティング・営業コストをかけ、案件を積み上げていくことが基本的な戦略になるでしょう。

上記のような戦略的意思決定は、量をこなして、一定以上のデータが蓄積したあとに初めてできるようになることです。

　ただし、STEP 2の量をこなすのみで、STEP 3の振り返りや分析を行わないと、いつまでも受注や売上につながらないため、最終的な営業成績や経営指標の改善に貢献できません。

　結果として営業部門の協力も得られず、経営陣のマーケティング投資への意欲や決意が失われてしまうことがありますので、この点にも注意してください。

STEP 4 リソースを確保する

　STEP 3で、良質なチャネルや施策、セグメントがわかったところで注意したいのが、リソースの確保です。

　量質転化の中でいかに素晴らしい戦略が出てきたとしても、リソースがなければその戦略を実行できません。

　よくあるのは「戦略を立案 → 実行リソースが不足 → 結果が出ない → 『戦略がまずかったのでは？』と疑う → 戦略を再立案 → 実行リソースが不足 → 結果が出ない → 『戦略がまずかったのでは？』と疑う」という無限ループに陥ってしまうことです。

　この場合のボトルネックは、明らかに戦略のまずさではなく、実行リソースの不足です。

　実行リソースが足りなければ、外注や、ほかの業務を止めたり削ったりする、社内から追加リソースを調達する、などの手段でリソースを確保しましょう。

　STEP 1～3の活動の中でデータが溜まり、精度の高い戦略が立案でき

ている可能性が高いので、それを提示して社内を説得し、十分な実行リソースを確保したいところです。

　なお、このとき営業体質の会社で社内を説得するには、以下のようなポイントを強調すると有効でしょう。

　　●何よりも、実際に売上が上がったという事実
　　●良質なリードが増えたという実績
　　●マーケティング投資によって得られるリターンの金額予測
　　●競合他社もマーケティングに取り組んでいるという情報

　社内の文化を、ゴリゴリの営業主体のものから、マーケティング主体のものにしていく変革を成功させるには、端的に言って**実績を出し続けるしかありません**。

　逆に言えば、短期や一過性の結果ではなく、中長期で継続的な結果を出し続けることができれば、周りの理解は自然と得られていくはずです。

第 **14** 章

ケーススタディ 9

コンテンツマーケティングに投資したいが、どこから手をつければいいかわからない

コンテンツマーケティング
未経験のI社からの相談

CASE 9

テレワーク化に伴い、展示会やテレアポなどオフラインのチャネルの多くが使えなくなってしまいました。

対策として、今後はコンテンツマーケティングに力を入れていきたいと考えているのですが、社内にノウハウがなく、どこから手をつければよいかわかりません。まずは何をすべきでしょうか？

I社とのプロジェクトの進め方

STEP 1 受注に近いところから対応していく

コロナ禍に伴う企業のテレワーク化／リモートワーク化で、展示会・セミナー・テレアポ・飛び込み・郵送DMといったオフラインチャネルの多くが使えなくなっています。

そこでI社では代替策として、オンラインマーケティングを強化しようと考え、昨今その重要性がよく言われているコンテンツマーケティングの強化を決定しました。

しかしながら、コンテンツマーケティングの重要性はなんとなく理解できるものの、「どんなコンテンツをつくればよいのか、わからない……」と

いう状態で、私の会社に問い合わせをいただきました。

　コンテンツマーケティングに関しては、この「どんなコンテンツをつくればよいのか、わからない……」という悩みを聞くことが多いのですが、私は一貫して、受注に近いところからコンテンツを作成していくことを推奨しています。

　具体的には、①受注率を上げるコンテンツ → ②商談化率を上げるコンテンツ → ③CV率を上げるコンテンツ → ④認知率を上げるコンテンツの順番で、コンテンツ作成に取り組んでいきます（下図参照）。

　順に解説していきましょう。

受注に近いところから改善していく

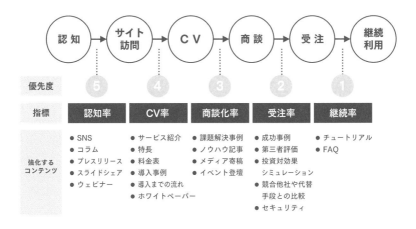

① 受注率を上げるコンテンツ

　上記の原則に則れば、I社が最初に取り組むべきなのは、商談中の見込み客に対して、受注に至る確率を上げられるようなコンテンツです。

　具体的には、次のような内容が考えられます。

●投資対効果の説明

●他社での実績

●競合他社や代替手段との違い

●シェア No.1 などの第三者評価

●資本金や上場の有無などの自社紹介

●自社の役員など、経営メンバーの紹介

●プロジェクトに関わるメンバーの紹介

●製品開発に携わっている技術者の紹介

●プロジェクトの納品物の紹介

そもそも当該の製品やサービスについて見込み客に発注の意思決定をして
もらうためには、投資対効果の説明は欠かせません。また、ほかの導入
先企業で実績を出していることや、競合他社や代替手段との違いなども当
然、説明する必要があります。

こうしたコンテンツは、営業時の説明資料としてすでに用意されている
ことも多いでしょうが、**抜けているものがないか、またさらに拡充できる
ものはないかをチェック**し、**既存のデータ／資料を流用**しながら、順次コ
ンテンツ化していきましょう。

見込み客の不安感を消し、安心して発注の意思決定をしてもらうために
は、シェア No.1 などの第三者評価や、自社の会社としての信頼性を伝え
る情報、製品・サービスの提供を実現しているメンバーや技術者の紹介、
具体的な納品物の紹介なども有効です。

これまで、これらの情報を積極的に公表していなかった場合には、ぜひ
コンテンツとして Web サイトやメールで発信するようにしてください。

もちろん新たに作成したコンテンツは、オフラインでの営業資料などに
も流用可能です。

これらのコンテンツを、営業資料や動画、Web上のコンテンツなどの形で用意し、見込み客の購買の意思決定を後押しし、受注率を上げることが最初にやるべき取り組みです。

② 商談化率を上げるコンテンツ

　次に用意したいのが、獲得したリードから商談設定までの確率を上げるコンテンツです。

　具体的には、以下のような内容が考えられます。

●最新の導入事例
●課題解決事例やケーススタディ
●自社の専門性を伝えるノウハウ記事
●イベント・セミナー登壇実績
●寄稿実績

　商談化率を上げるには、**過去に展示会やセミナーで獲得したリード、Facebook広告等で獲得したリードに、あなたの会社と商談して詳細な説明を聞きたい、あなたの会社のサービスで課題解決ができそう、と思ってもらう必要があります。**

　そのためには、他社での最新の導入事例や、社名は明かせなくても同様の課題を解決した課題解決事例、ケーススタディの紹介などが有効でしょう。

　実例をひとつ紹介しておきます。

　オフィス業務におけるルーティンワークのオートメーション化を手掛けるRPAテクノロジーズのWebサイトでは、業種ごとのRPA（Robotic Process Automation：仮想ロボットを利用した業務の効率化・自動化）適用事例を多数公開

し、それによってリードの不安感を解消するとともに、顧客企業が自社に適用したときのイメージを抱きやすくしています（下図参照）。

RPAテクノロジーズWebサイトの「業務適用事例」ページ

出典：https://rpa-technologies.com/implementation/

　また、競合他社とではなく、自社と商談する価値を訴求するために、自社が持つ専門性を訴求する「ノウハウ紹介」も欠かせません。

　一般的には、自社サイト内のブログ記事などでノウハウをアピールできる記事を書いたり、業界メディアへの寄稿をしたり、イベントやセミナーへの登壇をしたりすること等が有効でしょう。

　こうしたコンテンツは、見込み客が抱える課題を解決できるだけの実力が自社にあることを示すだけでなく、**自社が業界の第一人者であることが伝わるレベルで実施できると、大きなメリットが生じます。**

　加えて、ブログや寄稿記事、登壇による情報発信ではどうしても一般的な話題が多くなってしまうため、**少人数の勉強会や無料相談会を開催し、見込み客の個別・具体的な課題に応える場を設ける**ことも有効です。

私が関わった過去のプロジェクトでも、数千件のハウスリストを有する
クライアント企業さまで、無料相談会の告知をメール配信したところ、過
去リードから10件程度の応募があり、そこから3件が具体的な商談に進
んだ、という事例がありました。

　また知り合いの制作会社では、6社限定のWebサイト添削会 兼 勉強
会を毎月開催しており、そこから3割程度の企業（つまり、毎月2社程度）が、
具体的な商談にまで発展しているとのことです。

③ CV率を上げるコンテンツ

　3番目に用意したいのが、認知からリード獲得までのCV率を上げるコ
ンテンツです。

　具体的には以下のような内容を、Webサイト上でわかりやすく表現でき
るよう意識します。

●サービスの詳細や機能の解説
●サービスの特長
●サービスの料金体系
●導入事例
●導入までの流れ
●ダウンロードコンテンツ（事例集、料金表、お役立ち資料など）

　サービスの詳細や機能の解説、特長、料金、導入事例、導入までの流
れといった要素は、自社商品・サービスを説明する際に基本となる情報で、
これらがないと見込み客はどのような商品なのかを理解できません。

　当然、お問い合わせや資料請求などのコンバージョンには至らないため、
広告や記事コンテンツにいくらお金を投じても無駄になってしまいます。

少しコンテンツとは話がずれますが、**コンテンツ発信からリードを獲得する観点では、CTAに何を提示するかがもっとも重要**です。お問い合わせや資料請求だけでなく、見込み客のニーズに応じたCTAを用意する必要があります。

下図は見込み客の検討段階（明確層／顕在層／準顕在層／潜在層）に応じたCTAの例ですが、コンテンツマーケティングに取り組む際にも、コンテンツごとに最適なCTAを設計することを忘れないようにしてください。

顧客の検討段階ごとに相性のよいCTA

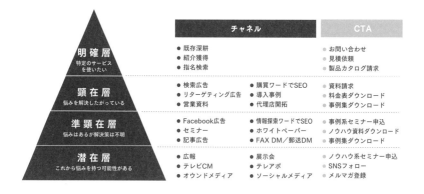

	チャネル		CTA
明 確 層 特定のサービスを使いたい	● 既存深耕 ● 紹介獲得 ● 指名検索		● お問い合わせ ● 見積依頼 ● 製品カタログ請求
顕 在 層 悩みを解決したがっている	● 検索広告 ● リターゲティング広告 ● 営業資料	● 購買ワードでSEO ● 導入事例 ● 代理店開拓	● 資料請求 ● 料金表ダウンロード ● 事例集ダウンロード
準 顕 在 層 悩みはあるが解決策は不明	● Facebook広告 ● セミナー ● 記事広告	● 情報探索ワードでSEO ● ホワイトペーパー ● FAX DM／郵送DM	● 事例系セミナー申込 ● ノウハウ資料ダウンロード ● 事例集ダウンロード
潜 在 層 これから悩みを持つ可能性がある	● 広報 ● テレビCM ● オウンドメディア	● 展示会 ● テレアポ ● ソーシャルメディア	● ノウハウ系セミナー申込 ● SNSフォロー ● メルマガ登録

④ 認知率を上げるコンテンツ

さて、最後に取り組むべきなのが、自社の認知拡大を促進するコンテンツです。

具体的には、以下のようなチャネルで継続的に発信していくコンテンツとなります。

● SNS
● ブログ

●プレスリリース

●ウェビナー

●スライドシェア（各種スライドデータのオンラインシェアサービス）

「コンテンツマーケティングに取り組もう」となると、多くの企業はいきなり SNS やオウンドメディアの開設から始めてしまうのですが、これらの施策は成果が出るまでに時間がかかり、成果の判断も難しい場合が多いものです。

そのため、①〜③で紹介したようなより受注に近い部分のコンテンツ作成から始め、短期的にわかりやすく「リード数が増えた」「商談数が増えた」「受注数が増えた」などの成果を示しながら、長期的に取り組んでいくことが望ましいでしょう。

また、仮に自社の認知が足りない場合には、すぐに始められる展示会出展やイベント開催、Facebook 広告や業界紙への広告出稿などの施策も並行して活用することをおすすめします。

さらには SNS がよいのか、オウンドメディアを構築して検索エンジンから集客したほうがよいのか、もしくはプレスリリースを配信し、有名メディアに取り上げられたほうがよいのかなどと、どのチャネルでコンテンツマーケティングに取り組むべきかについて、疑問を持たれる方がよくいます。

私がそうした方におすすめしているのは、**既存顧客やターゲット層に近い見込み客に、どのチャネルがよいのか直接聞いてしまうこと**です。

●普段、どのようなメディアで情報収集しているのか？

●業務上の課題を解決する製品・サービスを、どのように探しているのか？

こうした点について15〜30分ほどヒアリングさせてもらうだけで、疑問がスッキリと解消することがよくあります。

私の経験上、このヒアリングを実際に行っている企業やマーケターは10人に1人もいませんから、臆せずに実施することで、大きな違いを生み出せるでしょう。

STEP 2　コンテンツを量産する体制をつくる

STEP 1で、どのような順番で、どのようなコンテンツをつくるべきかが明らかになりました。

次に問題になりやすいのが、**コンテンツ作成を内製にするか、外注にする**かです。

結論から言えばBtoBの場合は内容が専門的になるため、クラウドソーシングを利用したり、コンテンツ制作会社にアウトソースしたりすることが難しく、**社内で内製できる体制を構築するのがベター**です。

役割分担としては、ホワイトペーパーのスライドデザインや記事コンテンツのアイキャッチ画像、動画の制作などの「表現」の部分は外部の表現のプロフェッショナルに外注し、「中身」の部分は社内で作成するとよいでしょう。

加えて、こうした「中身」を考えたり、アウトプットしたりする過程では、組織として「コンテンツづくり」に慣れることも欠かせません。**内製可能な体制をつくるのには、多少の時間がかかる**ということです。

I社のプロジェクトの場合は、社内にそれなりに文章を書ける方たちがいたため、その方たちを集めて4名のチームをつくり、まずはそのチームに対してコンテンツのつくり方をレクチャーする形式を取りました。

なお、自社には現状、そうした人材（文章がかける人材）がまったくいないという場合には、以下のような方法も考えられます。

- コンテンツ作成の講座を提供する会社に研修を依頼する
- メディアの記者や編集者、ライター経験者を数名採用する
- SNSネイティブな20代前後で、文章を書ける人を採用する（文章力は筆記試験で見る）
- 同様の人材を、社内の他部署からコンバート（配置転換）する
- コンテンツマーケティングに長けたプロフェッショナルにアドバイザーに入ってもらう

このときに注力したいのは、とにかく**コンテンツを届ける見込み客・顧客に対してのチームメンバーの解像度を上げる**ことです。

コンテンツが刺さるかどうかは、顧客のニーズをどれくらい的確に捉えているかによって、まったく変わります。BtoBマーケティング業界では、営業を経験したマーケターは成果を出しやすい、とよく言われるのですが、それもひとえに、この「顧客への解像度の高さ」が影響しているからだと思われます（顧客への解像度の高さについては第5章も参照）。

顧客への解像度は、以下のような手法で意識的に上げることが可能です。ぜひ、取り組むようにしてください。

- 営業同行
- ユーザーインタビュー
- 自社の営業パーソンに、見込み客が気にしていることやよく質問されることをヒアリングする
- SFAツールやCRMツールに登録されている顧客データを見る

STEP 3 コンテンツ作成を継続する

　STEP 1でつくるべきコンテンツを特定し、STEP 2でコンテンツを内製できる体制を用意したら、**あとは継続すること**が重要です。

　具体的には、コンテンツの編集会議を週1回や隔週といった頻度で開催し、継続していきましょう。

　コンテンツ作成自体はある種の「スキル」なので、鍛錬を積めば組織としても、個人としても明らかに上達していきます。

　しかしながら、実際にはコンテンツをつくれる会社と、なかなかつくれない会社に分かれます。この両者で何が違うかというと、シンプルに「**途中でやめていないか**」です。

　コンテンツ力が高い会社は、継続的にコンテンツを作成しているため、最初は成果が出なくても知見とデータが組織内に蓄積していきます。

　コンテンツ作成を続けるうちに、雪だるま式に知見とデータが増えていき、コンテンツの精度が上がっていくのです。

　そして1年もすると、外部から「御社はコンテンツつくるの、上手ですよね」などと言われるようになっています。

　逆にコンテンツ力が弱い会社は、途中でやめてしまうために知見とデータを溜めることができず、コンテンツの成功確率を上げられないままです。

　成功の確率が低いままでは結果もなかなか出ないため、取り組みが途中で頓挫してしまいます。

　こうした会社は、1年後も「うちはコンテンツをつくるのが苦手で……」などと言い続けることになるのです。

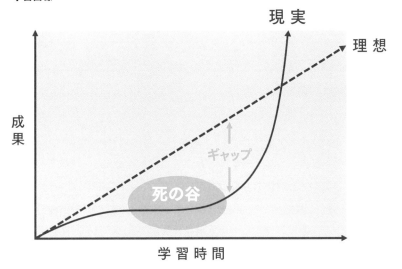

学習曲線

現実
理想
成果
ギャップ
死の谷
学習時間

　なぜ、継続の有無によって成果に差が生まれるのか？　その理由を完璧に解説しているのが「**学習曲線**」の図です（上図参照）。

　コンテンツ作成のトライを続け、学習時間が継続的に伸びていれば、最初はコンテンツの品質が低くても、ある瞬間から大きな成果を出せるようになります。

　一方、思ったような成果が出ない「死の谷」の段階で、心理的・数値的なストレスに耐えられないと、途中で投資を縮小してしまい、成果を出せずに終わってしまうのです。

　コンテンツマーケティングは施策の特性上、とにかく時間がかかります。そのため、継続できる会社が非常に少なく、**やり切ることさえできれば他社に大きく差をつけられます。**

　また**前向きな失敗を許容する会社の体質**も必要でしょう。

　マイクロソフト社が行った、こんな実験があります（Online Experimentation

at Microsoft)。

　同社は、自社のWebサイトとWebサービスで生まれたアイデアについて、1万件のABテストを実行して調べてみました。すると、3分の1が肯定的な結果につながり、3分の1は無意味で、残りの3分の1は逆効果だったことが明らかになりました。

　私たちはつい、「打ち手のほとんどが成果を生むだろう」という前提で考えてしまいがちなのですが、残念ながらまったくそんなことはなくて、マイクロソフト社のようなとても賢い人たちが取り組んでも、**成功するのはわずかに3分の1**という割合なのです。

　それならば、単純計算で、自分たちが思う3倍の量の打ち手が前提として必要になります。また3分の2の施策は失敗するか、あまり効果が出ない結果に終わることも、あらかじめ理解していなくてはなりません。

　多くの会社ではこうした前向きな失敗を許容できないので、継続ができないという側面があります。

　私の会社が関わらせていただくクライアント企業さまの中でも、「とりあえず、筋のよさそうな施策をいくつか試してみて、どの施策はうまくいって、どの施策がうまくいかなかったのかを知りたい」というスタンスで取り組んでいるところは、コンテンツマーケティングに限らず、マーケティング全般がうまくいっている傾向があります。

　端から見ていると、最終的な成果や成功例しかわからないため「百発百中のマーケティング」が存在するように思えてしまいますが、**とくにマーケティング強化の取り組みの初期段階では、組織に知見とデータを溜めるために、意識的にトライの数を増やすことが必須であることを決して忘れないでください**（右図参照）。

　I社の話に戻ると、同社のコンテンツマーケティングチームにもこうし

た点をしっかりお伝えし、継続的にコンテンツづくりに取り組んでもらうことで、テレワーク化で急減したリード数や商談数が少しずつ回復軌道に戻ってきました。

　遠からず、コロナ禍以前の数字を回復し、成長軌道へと復帰できると見ています。

成功例の背後にも膨大な試行錯誤がある

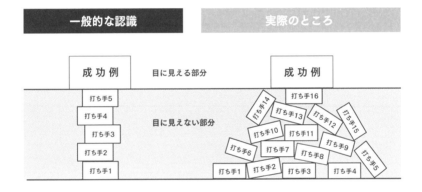

第 **15** 章

ケーススタディ 10

競合がたくさん存在する
成熟業界で成長する

レッドオーシャンな成熟産業で戦う企業J社からの相談

CASE 10

　これからマーケティングを強化していきたいのですが、マーケティング活動に取り組むのが遅く、すでに競合他社がメディア露出やコンテンツ発信をしてしまっています。

　扱っている商品自体もコモディティ商材であるため、業界全体として競合他社間のサービス品質に大きな違いはありません。

　これまでは既存顧客との取引で安定して経営できていたのですが、今後は不透明なため、新規顧客を開拓し、売上を伸ばしていきたいと考えています。

　相談に乗っていただけないでしょうか?

J社の抱える課題への典型的な対応策

　当社に持ちかけられるさまざまなご相談の中でも、「自社の提供しているサービスに競合が多い」「競合が多いが、自社のサービスにこれといった特長がない」といった課題をお持ちの企業さまは多くあります。

　たとえばチラシ印刷やホームページ制作などは、数え切れないほど多くの企業がサービスを提供しています。数百、数千社の競合がある中で、顧客に自社サービスを選んでもらうのは至難の業です。

　本章ではここまでのケーススタディとは少し違った形で、そうした競合

の多いレッドオーシャン市場や成熟企業で戦うマーケター向けに、解決策のセオリーを解説してみます。

　ここまでの内容とかぶる内容もありますが、おさらいのつもりで確認してみてください。

セオリー①　購買プロセスの前半にアプローチする

　まずひとつ目のセオリーとしては、**厳しすぎる競争が働く前に、自社を選んでもらいやすくするためのマーケティング活動を行うべきでしょう。**

　競争が働きづらい購買プロセスの前半から、自社を認知してもらい、「●●と言えば、××」という第一想起を取る方向です。

　たとえば、競合が多いSEO業界で強力なポジションを築いているナイル社の事例があります。

　同社は、オウンドメディアである「SEO HACKS」や「Content Hub」での良質な情報発信、書籍出版などをとおして、購買プロセスの前半（潜在層や準顕在層の段階）から同社を認知してもらい、見込み客が「SEOコンサルを依頼してみようかな」と思ったときには、真っ先にナイル社が頭に思い浮ぶような活動を展開しています。

　つまり、購買プロセスの後半で、見込み客が「SEO 会社 比較」「SEO 会社 おすすめ」などのクエリで検索した先で自社を見つけてもらうことよりも、『SEOでコンサルを依頼するなら、ナイル社に依頼したいなー』とか、『よし、ようやく予算化できたから、ナイル社に問い合わせしよう！』と、満を辞して自社に相談してくれるような見込み客を増やすために、ブログやSNS、あるいは業界メディアでの情報発信に力を入れているのでしょう。

このように購買プロセスの前半へアプローチする方法には、ほかにも展示会やイベント、テレアポやFAX DM等でまずはセミナーに来てもらい、たくさんの見込み客と接触。そこから商談につなげたり、メールマーケティングを活用したりして、継続的にコミュニケーションを取り続けるという方法もあります。

購買プロセスの後半で行われる検索への対策として、検索広告を出稿したり、SEOを行ったりするのもそれなりに有効ですが、そこで目立つのは業界内でも1社か2社だけです。

競争が激しければ激しいほどコストもかさみますから、**購買プロセスの前半にアプローチするほうが再現性の高い戦略**と言えるはずです。

セオリー② ユニークなポジションをつくる

2つ目のセオリーは、**自社サービスのポジショニングを見直し、ユニークなポジションを取る**ことです。

以前に、競争の激しいホームページ制作業界で建築業界に特化して1,500サイト以上を制作しているアババイ社の事例を、このパターンの好例として挙げました。

ほかにも、社食サービスの「オフィスおかん」を提供する株式会社OKANが、2019年7月にリリースした組織診断ツール「ハイジ」の例などがあります。

組織診断ツールという分野は競争が激しく、既存のツールがたくさんあるのですが、ハイジでは離職理由に占める「ハイジーンファクター」、つまり「健康、家庭と仕事の両立、人間関係などの不満足要因」に特化した診断・改善サービスというユニークなポジショニングをすることで、競

合製品とは異なる独自性の確保に成功しています。

マーケティング業界の古典的名著『売れるもマーケ　当たるもマーケ　マーケティング22の法則』（Al Ries、Jack Trout著／東急エージェンシー出版部）では、「カテゴリーの法則」として、**あるカテゴリーで一番手になれない場合には、一番手になれる新しいカテゴリをつくれ**と提唱しています。

この意味でも、OKAN社のハイジは「ハイジーンファクターの診断・改善サービス」という新しいカテゴリーを創出しており、組織診断サービス業界というレッドオーシャンな市場に、後発ながらうまく参入した事例だと言えるでしょう。

もちろん、単に新しいカテゴリ・ポジションをつくればよいということではなく、**顧客にとってメリットがあることが前提**です。無理な「差別化」を考えるよりも、顧客にとって本当に価値がある、独自のサービス体験を提供できるかどうかが鍵になります。

逆にユニークなポジションをつくらないまま激しい競争環境の中で戦ってしまうと、経営・マーケティングの効率が大きく低下します。

具体的なマーケティング施策を議論する前に、定量調査・定性調査を行い、顧客から見たときに自社がどのようなポジションにいると認識されているか、確認するといいでしょう。

セオリー③　新しいニーズを素早く取り込む

3つ目のセオリーは、**市場や顧客ニーズの変化に素早く対応した商品をリリースし、新しい顧客層を開拓する**ことです。

たとえば本書執筆時点では、コロナ禍によって企業の働き方が大きく

変化し、さまざまな新しいニーズが生まれています。

　私の会社も新型コロナの流行発生の直後、オフィスに全員出社しての勤務はしばらく難しいと判断し、フルリモートでの組織運営に切り替えてオフィスを解約しました。

　しかし、チームメンバーと定期的に集まって話したい気持ちはあるため、週1日、あるいは週に2日間だけでも使えるオフィスサービスがあれば契約したいと考えています。

　つまり週5日、毎日使う前提の従来のオフィスレンタルではなく、何社かの企業と曜日交代でひとつのオフィスをシェアするようなサービスに対して、新しいニーズが発生しています。

　このように市場や顧客ニーズが変化した際、素早くそれに対応する新しい商品をリリースし、市場に告知していくことができれば、競争が激しく成熟した業界でも、新しい顧客を開拓することが可能です。

第 **16** 章

ケーススタディ 11

モノはよいが、
知られていない

認知の壁の突破方法

CASE 11

我々K社は60年前から事業を営んでいて、営業に力を入れ、全国展開してきました。顧客数は多く、営業力は高いのですが、知名度がありません。

そのため、顧客社内の稟議の最終フェーズで「知らない会社だけど、大丈夫か」と先方役員から指摘が入り、失注するケースがあります。ここ10年は勢いのある新興企業が出てきたため、危機感が増し、今期から認知拡大に取り組みたいと思っています。

BtoB事業での認知拡大はどのようにすればよいでしょうか?

K社の抱える課題への典型的な対応策————

「商品はよいのだけど、知られていない……」「商品の品質は高く、実績もあるのに、伝わっていない……」といった悩みを抱えるマーケターは少なくないでしょう。「技術はあるが、マーケティング力が弱い」と揶揄されることが多い日本企業では、同じような悩みを抱える企業はたくさんあるはずです。

この悩みの原因には「認知の壁」があります。

本章では、認知の壁の突破方法を解説したいと思います。

BtoBでのチャネル選定の難しさ

　BtoBマーケティングにおいて、「どうやって製品・サービスを認知してもらうか」はもっとも難易度の高い問いのひとつです。

　一般消費者向けのサービスであれば、テレビCMや新聞、雑誌など、多くの人に認知してもらうチャネルが存在しますし、その中でのターゲット含有率も一定以上に高いことが期待できます。

　デジタル広告にしても、スマートフォンが行きわたっている現代、さまざまなユーザー行動のデータが蓄積され、ターゲティングの精度も増し、多様な広告メニューが用意されています。

　これに対してBtoBの場合は、効率的にターゲットにリーチできるチャネルが存在しないケースが多々あります。

　前述したように、コンビニオーナー向けの発注管理ソフトを開発したところで、コンビニオーナーだけが見ているメディアはないでしょう。また、コンビニオーナーにピンポイントでターゲティングできる広告メニューも存在していません。

　そのため、どうやって自社の商品やサービスを潜在顧客に周知したらいいかわからない、といった声を聞くことが多いのです。

BtoBにおける集客チャネルの見つけ方

　とはいえ、どこかに有効なチャネルは存在するはずです。主に以下の5つの方法で、適切な集客チャネルを探してください。

　① 既存顧客にインタビュー

② 競合他社サービスの導入顧客にインタビュー

③ 見込み客にインタビュー

④ 見込み客にアンケート

⑤ 競合他社のマーケティング活動を調査

順に解説します。

① 既存顧客にインタビュー

もっともオーソドックスな手法は、過去に受注した既存顧客にインタビューをさせてもらうことです。

既存顧客に30分ほど時間をもらい、以下のようなポイントについて考えを聞かせてもらいます。

●どんなきっかけで製品・サービスを検討したのか？

●製品・サービスの情報収集はどこで行ったか？

●どこで当社を知ったのか？

●意思決定にあたり、どの情報を参考にしたか？

●Webで検索した場合、どのような検索ワードだったか？

●日頃の業務上の情報収集はどこで行っているか？

たとえば本書の第11章：ケーススタディ6の事例では、こうした既存顧客へのインタビューの結果、それまでは不明だった有効販売チャネルとして、「見込み客と取引がある出入り業者」が存在していると判明しました。

そこで、出入り業者に向けたコンテンツ作成や、イベントの開催をピンポイントで行い、売上を伸ばすことに成功しました。

このように既存顧客に直接、どんなチャネルを利用しているか聞くこと

で、あっさりと狙うべきチャネルが判明する場合があります。

② 競合他社サービスの導入顧客にインタビュー

　競合のサービスを利用している顧客に、同様のインタビューを行うことも有効です。

　たとえば私の会社では、BtoBマーケティングの研修サービスも提供していますが、この場合、当社に発注してくれた顧客だけでなく、ほかの研修会社（産業能率大学やグロービスなど）に依頼している企業を探し、①と同様に以下のような点を聞いてみるのです。

　●どんなきっかけで製品・サービスを検討したのか？
　●製品・サービスの情報収集はどこで行ったか？
　●どこでその会社を知ったのか？
　●意思決定にあたり、どの情報を参考にしたか？
　●Webで検索した場合、どのような検索ワードだったか？
　●日頃の業務上の情報収集はどこで行っているか？

　こうすることで、自社サービスを導入する可能性のある顧客群が、業務上必要となる情報や製品・サービスに関する情報をどのようなチャネルで集めているのか、より網羅的に把握できます。

③ 見込み客にインタビュー

　さらに、より簡単に実行できる手段として、自社商品の導入を検討してくれている見込み客段階の人たちにインタビューをする方法があります。

　具体的には、Web上のお問い合わせフォームの段階で、認知経路を聞いてしまうのが手っ取り早いでしょう。

　次ページの図は、何度か事例として挙げたホームページ制作会社のベ

ベイジを知ったキッカケ

どうやってベイジを知ったか教えてください。＊

✓ ―選択してください―
検索エンジンで偶然見つけた
Facebookで知った
Twitterで知った
社員に教えてもらった
社外の人に教えてもらった
他のサイトで紹介されていた

出典：ベイジ Web サイト
https://baigie.me/contact/

イジ社の Web サイトで、お問い合わせフォーム内で「ベイジを知ったキッカケ」を取得している箇所を示したものです。

　ほかにも、お問い合わせ顧客に対してインサイドセールスが架電した際、どこで自社を知ったのか聞いたり、商談時にフィールドセールスが同様の質問をしたりするのも有効です。インサイドセールス、フィールドセールス部門と連携し、マーケティングチャンネルの選定に活かしましょう。

④ 見込み客にアンケート

　インターネット調査を利用して、自社の想定見込み客にアンケートを取るのも有効な手段です。インタビューと同じく、普段の情報行動・購買行動を聞くとよいでしょう。

●製品・サービス選定の情報収集はどこで行っているか？

●よく見るメディアはどこか？

●日頃の業務上の情報収集はどこで行っているか？

マクロミル社やインテージ社などのネットリサーチサービスを使っても
よいですし、母集団は多少偏りますが、自社のハウスリストに対して、ア
マゾンギフト券などの謝礼と引き換えにアンケート回答してもらうのもよ
いでしょう。

⑤ 競合他社のマーケティング活動を調査

最後に、競合他社のマーケティング活動を調べ、どのチャネルで集客
をしているかを調べるという手法があります。

競合他社がどのチャネルで集客をしているのかは、以下のような手法で
調べられます。

- ●Webサイトのお知らせ欄：販売パートナーの開拓状況、展示会の出
  展状況
- ●Webサイトの導入事例：顧客がその会社を認知したきっかけ
- ●Facebook広告ライブラリ：Facebook広告の出稿状況
- ●Ahrefs：競合他社の検索広告の出稿状況やキーワード、上位表示し
  ているキーワード群

どのチャネルから優先的に取り組むべきか

上記のような調査を行えば、有効なチャネルを洗い出すことが可能です。
その後に、どこから手をつけるべきか検討しましょう。

すでに何度も述べているように、セオリーは「上から下」。つまり、ま
ずはすでにニーズが顕在化している人たちが探すチャネルにしっかり露出
することで、自社を候補に入れてもらうことから始めます。

逆の「下から上」、つまり潜在層の人たちへと先にアプローチする方法
は、売上につながるまでにどうしても時間がかかってしまうため、マーケ

ティングの取り組みの初期にそこに注力するのは避けるべきです。

　まずは売上につながる可能性が高い人たちに自社サービスを認知してもらい、商談に呼んでもらうことをめざしてください。

　とはいえ、例外はいくつか存在するので３つ紹介しておきます。

例外１　積極的に探している人がいない

　例外のひとつ目は、自社が提供している商品を積極的に探している人がいないケースです（第10章：ケーススタディ５も参照）。

　たとえば、スタートアップやベンチャー企業が提供するような商品は、新しさゆえにその商品や商品カテゴリ自体を探している人が存在しません。

　そういう商品が存在することを、市場に認知してもらう必要があるわけです。

　予算が許せばテレビCMを打ったり、プレスリリースなどを通じてまずはメディアに認知してもらったりと、そういう商品や商品カテゴリがあることを継続的に市場に伝えていく必要があります。

　こうした商品では、テレアポや郵送DMなど、見込み客側の検討状況に関わらず、商品を伝えにいく施策も有効です。

　あるスタートアップ企業では、自社商品やパンフレットが入ったダンボールを送付し、それを梃子にして架電。商談獲得につなげています。

例外２　競合が強い

　競合他社が上のチャネル、つまり顕在層に近いチャネルを押さえていて、上から下へのセオリーが使えない場合もあります。

　具体的には、検索広告や検索結果画面が、競合他社のものに占められ

ているような状態です。

　私の会社が属すマーケティング業界でも、競合がさまざまなキーワードで検索広告を出稿しているため、検索エンジンの検索結果には多様な企業が発信したコンテンツが並び、自社が目立つのは困難な状態になっています。

　このような場合、その「競合が強い領域」で戦うと、マーケティング活動の効率が悪くなります。とくにコンテンツマーケティングのような施策は、成果が出るまでに長い時間がかかります。

　そのため、そうした領域に後発で、無策のまま参入しても、よほどの資本と財務体力がないと成果は出ないでしょう。

　しっかりと競合調査を行い、空いているチャネルがないかを検討したうえで、その部分を狙いすましてアプローチしていく方法を取りましょう。第12章のケーススタディ5や、第15章のケーススタディ10なども参考になります。

例外3　競合が潜在層にアプローチしている

　第12章で触れましたが、競合他社が潜在層を中心にアプローチしている場合、中長期的には潜在顧客の第一想起を他社に取られてしまい、不利な競争にさらされます。

　潜在顧客層の中に「○○と言えば、A社」という想起ができてしまえば、圧倒的多数の問い合わせや依頼はA社に流れてしまうからです。

　この場合、自社も潜在層へのアプローチに取り組む必要があります。

　資本力に物を言わせて、競合他社を凌駕するのもひとつの選択肢ですが、それができそうになければ、競合他社が取れないような一手を繰り出す必要があります。

たとえば、競合他社はブランド力のある大企業で、新しいプラットフォームや表現形態には取り組みにくい。そこに対して、スピード感で優位に立てる自社はTikTok、LinkedInなどの新しいプラットフォームや漫画、Podcastなどの表現形態に取り組む、などです。

おわりに

「おわりに」までお付き合いいただき、ありがとうございます。

「はじめに」でも書いたとおり、私はBtoB企業でマーケティングに取り組んでいる方、これから始めようとする方が成果を出せるよう、『BtoBマーケティングの正しい型』をお伝えしようという気持ちで本書を書き始めました。

　日々、さまざまなプロジェクトに関わる中で感じるのは、ほぼすべての起業家、事業責任者、現場担当者の方は、自社の事業を成長させて世の中をよりよくしたい、目の前のお客さまに貢献したい、という想いを強く持っていることです。

　そんな人たちの想いの実現が少しでも早くなるよう、本書を通じて、マーケティング活動上の無駄な試行錯誤の時間が少しでも短くなれば……と願って本書を書きました。

　私の会社、株式会社才流では、本書で扱ったテーマに限らずBtoBマーケティングにおけるさまざまな『型』を体系化・言語化して継続的に発信しています。

　もちろん自社のマーケティング活動や採用活動に役立てる意図もありますが、『正しい型』を開発・普及させることは、社会の役に立ち、自分たちの人生の時間を投下するだけの価値がある活動だと考えているからこそ、体系化や発信を続けています。

『正しい型』が普及することの価値を、BtoBマーケティングから少し離れて男子マラソンの例で紹介しましょう。下図は、1908年から2018年までの男子マラソンの世界記録の推移をグラフにしたものです。

男子マラソン世界記録推移

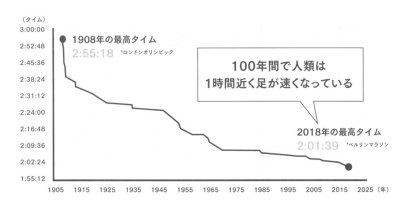

参照元：マラソン大会や日程などの情報サイト「男子マラソン世界記録推移」
https://kateodata.biz/dannsisuiil.html

　1908年時点の世界記録は2時間55分18秒でしたが、現在の世界記録は2018年に記録された2時間1分39秒です。つまり、100年ちょっとの間に、人類は1時間近くも足が速くなっているのです。

　理由は、食事法やトレーニング法、ランニングフォームが改良されたからですが、それらの『正しい型』が普及したことで、100年前の世界記録（2時間55分）を、いまではマラソンランナーの約3％（日本だけでも30万人）もの人たちが達成できるようになっています。
　『正しい型』によって、従来は長時間の鍛錬をしたごく一部の天才だけが手にしていた成果を、より多くの人々が享受できるようになったのです。

これと同じことを、ビジネスの世界で実現したいと思い、私は会社を経営しています。

　もちろんビジネスやマーケティングは、最終的にはケースバイケースです。自社のビジネスモデル、顧客の属性、組織の特性、そのときどきの業界事情などの影響を受けるため、本書で紹介した『型』にあてはまらないこともあるでしょう。

　しかし、そうした個別事象があったとしても、BtoBマーケティングを行うときに必ず押さえておくべき『型』は明確に存在します。

　みなさんが置かれている状況に応じて、考えるべきことを議論し、よりよいマーケティング活動の推進に、本書を役立てていただければ幸いです。

栗原 康太

【著者紹介】

栗原 康太（くりはら・こうた）

株式会社才流　代表取締役社長

1988 年生まれ、東京大学文学部行動文化学科社会心理学専修課程卒業。

2011 年に某 IT 系上場企業に入社し、BtoB マーケティング支援事業を立ち上げる。その後、事業部長、経営会議メンバーを歴任。

2016 年に「才能を流通させる」をミッションに掲げる株式会社才流を設立し、代表取締役に就任。

アドテック東京などのカンファレンスでの登壇、宣伝会議・広報会議など主要業界紙での執筆、取材実績多数。本書が初の著書。

| Twitter アカウント　https://twitter.com/kotakurihara
| Facebook アカウント　https://www.facebook.com/kota.kurihara
| 株式会社才流　Web サイト　https://sairu.co.jp/

事例で学ぶ BtoB マーケティングの戦略と実践

2020 年 11 月 22 日　第 1 刷発行
2023 年 6 月 6 日　第 6 刷発行

著　者 —— 栗原 康太
発行者 —— 徳留 慶太郎
発行所 —— 株式会社すばる舎
　　　　　〒170-0013 東京都豊島区東池袋 3-9-7 東池袋織本ビル
　　　　　TEL　03-3981-8651（代表）03-3981-0767（営業部直通）
　　　　　FAX　03-3981-8638
　　　　　URL　http://www.subarusya.jp/
　　　　　振替　00140-7-116563
印　刷 —— 株式会社光邦